리더의
경영
수업

리더의 경영수업

특별한 리더들의 인생과 경영의 결정적 한 수

2015년 7월 3일 초판 1쇄 발행
2017년 4월 21일 초판 4쇄 발행

엮 은 이 | 삼성경제연구소
펴 낸 곳 | 삼성경제연구소
펴 낸 이 | 차문중
출판등록 | 제1991-000067호
등록일자 | 1991년 10월 12일
주　　소 | 서울시 서초구 서초대로74길 4(서초동) 삼성생명서초타워 30층
전　　화 | 02-3780-8153(기획), 02-3780-8084(마케팅), 02-3780-8152(팩스)
이 메 일 | seribook@samsung.com

ⓒ 삼성경제연구소 2015
ISBN | 978-89-7633-467-1　03320

삼성경제연구소 도서정보는 이렇게도 보실 수 있습니다.
홈페이지(http://www.seri.org) → SERI 북 → SERI가 만든 책

특별한 리더들의 인생과 경영의 결정적 한 수

리더의 경영 수업

삼성경제연구소 엮음

삼성경제연구소

책은 '특별한 리더들의 인생과 경영의 결정적 한 수'라는 부제가 말해 주듯 그들을 성공으로 이끈 비결, 그들의 삶을 관통하는 핵심을 꿰뚫어 보고자 하였다.

이 책에 등장하는 30명의 리더들은 모두 재계(財界)의 쟁쟁한 경영인들이다. 그들에게 "경영이란 한마디로 무엇입니까?"라고 묻는다면 과연 어떤 대답을 할까? 그들이 했을 법한 대답을 각 부의 제목으로 삼았다. 차례에서 보듯 그 대답은 '신념', '결단', '회생', '문제 해결', '함께 꾸는 꿈' 등이지만 기업이 처한 상황에 따라 방점이 찍힌 부분이 다를 뿐 사실상 모두 경영에 대한 답이 될 수 있다.

30명의 리더들은 창업자와 전문 경영인을 망라하며, 국적과 활동 시대가 각기 다르고 다양한 분야에 포진해 있다. 그러나 그들의 성공 스토리를 살펴보면 몇 가지 공통점이 발견된다.

첫째, 그들은 누구나 이해할 수 있는 쉽고 명확한 비전을 제시했다. 이케아 창업자 잉바르 캄프라드는 "더 많은 사람에게 좀더 나은 일상 생활을 제공한다"라는 비전을, 소프트뱅크 CEO 손정의는 "정보혁명으로 인간을 행복하게 한다"라는 비전을 가지고 있었다. 비전이 단순 명쾌할수록 공유가 잘되고, 문제 발생 시에 해결 방법도 명확해진다. 성공 가능성이 커지는 것은 물론이다.

둘째, 그들은 무엇보다 사람을 소중히 여겼다. 이는 고객을 대할 때나 직원을 대할 때나 한결같은 원칙이었다. 항상 자신보다 남을 생각한다는 면에서 이타적이라고도 할 수 있는 이런 특징은 단지 개인의 품성 차원에만 그친 것이 아니라 기업 성과와도 직결되었다. 절대 풀어지지 않는 나사를 개발하여 창업 후 40년 가까이 연속 흑자라는 신화를 쓴 하드록공업의 와카바야시 가쓰히코 회장은 늘 많은 사람들에게 이로움을 주고자 고민했기에 그 같은 혁신을 이룰 수 있었다. 포시즌스 호텔 창업자 이사도어 샤프가 고객에게 최고의 서비스를 선사하기 위해 취한 방법은 바로 직원에게 최고의 대우를 해준 것이었다.

   마지막으로, 그들은 어떤 순간에도 할 수 있다는 긍정적인 마음을 가졌다. 모두가 안 된다고 할 때 "안 된다고만 하면 아무것도 할 수 없다"라고 호소했고, "그래도 한번 해봐"라고 격려했다. 비야디 창업자 왕촨푸는 자동차 사업에 진출하기 위해 파산 직전의 자동차 회사를 인수하려 했다. 이때 모기업까지 위험해질까 봐 반대하는 직원들에게 "해보지도 않고 실패를 걱정하면 어떻게 발전하겠습니까?"라고 설득했다. 사막이나 다름없는 땅 위에 중국 최대의 골프장을 건설한 화빈그룹의 옌빈 회장은 건설 초기 불가능하다고 단언하는 직원에게 "그래도 한번 해봐. 안 돼도 자네를 해고하지는 않겠네."라며 격려했다고 한다.

   이 특별한 리더들의 성공 비결을 책 한 권으로 모두 밝힐 수는 없을 것이다. 그들 모두는 한 사람 한 사람이 한 권의 책으로 다루어도 모자랄 만큼 인생과 경영에서 풍성한 이야깃거리와 깊은 감동을 주기 때문이다. 다만, 이 책을 읽은 독자가 그들 중 누군가에 대해 조금이라도 더 알고 싶다는 마음을 가질 수 있도록 마중물 역할이나마 할 수 있기를 소망한다.

이 책은 많은 사람들의 수고로 완성되었다. 바쁜 중에도 집필에 응해준 13명의 연구원들과 일부 원고의 보완을 맡아준 김유리 작가, 그리고 늘 훌륭한 콘텐츠로 상상력을 북돋워주는 SERICEO 제작진에게 감사 인사를 전한다.

　경제가 어렵다고들 한다. 영원한 위기의 시대가 시작됐다고도 한다. 이 책에 나오는 대부분의 리더들 또한 어렵고 절박한 상황을 피해갈 수는 없었다. 다만 모두가 안 된다며 어둠 속에 멈춰있을 때에도 그들은 어디선가 비치는 한줄기 빛을 기어이 찾아냈다. 무엇보다 지금 우리가 눈여겨봐야 할 것은 이러한 긍정의 마음이 아닌가 싶다. 이 책을 읽는 모든 독자들에게도 그 마음이 전해지길 바란다.

2015년 7월
삼성경제연구소

차 례

3부 경영은 회생이다

1
부

경영은
신념이다

정성껏 만든
패스트푸드

: 모스버거 창업자, 사쿠라다 사토시 :

맥도날드를 이긴 '조금 느린 패스트푸드'

빠른 서비스와 철저한 위생 관리, 보다 저렴한 가격. 이 세 가지는 대부분의 햄버거 브랜드들이 오랜 시간을 거쳐 검증한 성공 전략들이다. 그런데 같은 전략을 추구하는 듯하면서도 조금은 다른 모습을 보이는 햄버거 브랜드가 있다. 일본의 대표적인 햄버거 브랜드 '모스버거'이다.

"We Love Hand Cook." 모스버거 홈페이지에 적힌 첫 문장에서 짐작할 수 있듯이 모스버거의 직원들은 맨손으로 요리한다. 위생장갑을 끼고 요리하는 다른 패스트푸드 브랜드의 직원들과는 사뭇 다른 모습이다. 위생장갑을 끼면 오히려 청결에 소홀해질 수도 있고, 무엇보다 음식 재료에 맞는 정확한 온도를 느낄 수 없다는 이유에서다. 그들은 맨손으로 요리를 하면 언제나 손의 청결에 신경 쓸 수밖에 없는 데다, 재료의 온도도 직접 느낄 수 있어 더 맛있는 햄버거를 만들 수 있다고 자부한다. '위생'의 개념을 '장갑'이 아닌 '맨손'으로 바꾼 것이다.

다음으로 '패스트푸드'라는 말이 어울리지 않는 주문 서비스다. 모스버거는 서비스가 조금 늦어지더라도 고객에게 좀더 따뜻하고 맛있는 햄버거를 제공하기 위해, 주문을 받은 후 조리에 들어가는 선주문 후제작 방식을 고수한다. 빠른 서비스를 위해 음식을 미리 만들어놓는 방식을 탈피한 것이다.

마지막으로 가격이다. 1987년 일본 햄버거 시장에 진출한 맥도날드가 시장 선점을 위해 대대적인 할인 전략을 전개하자, 롯데리아 등 다른 햄버거업체들도 울며 겨자 먹기로 가격을 내리기 시작했다. 그러나 모스버거는 이 행렬에 동참하지 않았다. 이 가격 인하 전쟁은 1989년 4월 맥도날드가 할인 전략을 멈추면서 막을 내렸다. 이와 관련해 일본의 식품 전문잡지 《푸드 서비스》는 "저가 전략을 감당할 수 없었던 많은 체인들이 피해를 입었지만, 가격 전쟁에 참여하지 않고 독자 노선을 유지했던 모스버거만은 이 전쟁에서 살아남았다"라고 평가했다.

증권맨 출신의 창업자

이처럼 모든 면에서 패스트푸드계의 이단아처럼 보이는 모스버거는 1972년 도쿄 외곽의 작은 가게에서 시작됐다. 작은 구멍가게 하나로 맥도날드, 롯데리아 등 업계의 골리앗을 상대한 이력으로 봐서는 엄청난 레시피를 가진 요리사의 가게가 아닐까 싶지만 창업자는 요리학교 한 번 다닌 적 없는 증권맨 출신의 사쿠라다 사토시(櫻田慧)다.

1937년 일본 이와테 현에서 태어난 사쿠라다는 니혼 대학 경제학과를 졸업하고 당시 일본 4대 증권사 중 하나였던 닛코증권에 입사했다. 미국에서 2년간 주재원으로 근무하던 사쿠라다는 집 근처 '토미스'라는 동네 햄버거 가게에 반하게 된다. 토미스는 가족이 운영하는 작은 가게였는데 워낙 맛있다고 소문이 나서 입구에는 언제나 많은 사람들이 줄을 서서 기다렸다. 토미스에서 햄버거를 먹을 때까지도 사쿠라다는 자신이 햄버거 가게 사장이 되리라고는 꿈에도 상상하지 못했다. 그의 목표는 오로지 증권맨으로 성공하는 것이었다.

그러나 1962년부터 시작된 일본 증시의 침체로 사쿠라다의 인생에는 엄청난 변화가 찾아온다. 1965년 회사 사정 악화로 5년간의 증권사 생활을 정리하고, 입사 동료 몇 명과 가죽 도매상을 시작한 것이다. 초창기에는 순항하는 듯했지만 가죽 도매상의 상황은 점점 나빠졌다. 그 무렵 우연히 동료들에게 미국에서 맛있게 먹었던 토미스 햄버거에 대한 이야기를 하자 반응이 뜨거웠다.

이를 계기로 동료들과 함께 햄버거 가게를 해보기로 의기투합하게 된다. 사실 그가 처음에 원했던 것은 토미스 일본 지점이었다. 창업 전, 수차례 미국 토미스를 방문한 것도 토미스 경영권을 획득하기 위해서였다.

그러나 토미스의 오너가 일본 내 경영권을 주는 조건으로 2,000만 엔을 요구하면서 협상은 결렬됐다. 당시 그가 가지고 있던 창업자금은 800만 엔이 전부였다. 게다가 600만 엔 이상은 미국 방문과 상품 개발 등에 다 써버린 상태였다. 결국 원점으로 돌아간 그는 동료와 함께 약 6개월 동안 독자적으로 햄버거를 개발했다. 마침내 만족할 만한 햄버거가 탄생하자, 1972년 미군 캠프가 있는 나리마스의 작은 상가 귀퉁이에서 '모스버거' 첫 지점을 오픈했다.

모스(MOS)라는 브랜드 이름은 Mountain, Ocean, Sun의 앞 글자를 따서 만든 것으로, 인간과 자연에 대한 애정을 담고 있다고 한다. 그렇게 시작된 모스버거의 오늘은 눈부시다. 2014년 맥도날드가 전년 대비 순이익 15퍼센트 감소를 기록하며 고전을 면치 못하고 있을 때도, 연 매출 약 653억 엔을 돌파하며 전년 대비 4.7퍼센트의 성장률을 기록했다.

경쟁 기업을 이긴 무기는 '정성'과 '차별화'

사쿠라다의 첫 번째 성공 비결은 '정성 경영'이다. 모스버거가 1987년의 햄버거 전쟁에 휘말리지 않을 수 있었던 것은 "가격은 약간 비싸

정성이 담겨 있으면
고객은 절대
외면하지 않는다.

도 괜찮다. 정성이 담겨 있으면 고객은 절대 외면하지 않는다"라는 사쿠라다의 확신이 있었기 때문이다. 가족을 위해 만들듯이 정성껏 준비하는 마음가짐을 갖춘다면 지역 주민들이 집처럼 친근하게 느낄 거라고 생각한 것이다.

서두에 잠깐 언급했듯이 모스버거는 다른 패스트푸드 매장과는 달리 주문을 받은 후에 조리를 시작하는 것으로 유명하다. 좋은 식자재를 쓰고 매장을 청결하게 관리하는 것은 물론이다. 또한 고객의 자리까지 직접 갖다 준다. '빠르게 만들어 많이 판다'라는 패스트푸드 산업의 특징과는 정반대인 이러한 전략은 고객에게 '좋은 음식을 대접받는다'는 느낌을 선사했다.

고객 응대에도 정성을 다했다. 모스버거는 "어서 오세요", "감사합니다"라는 의례적인 인사 외에도 반드시 고객과 한마디를 더 나누는 것이 전통이라고 한다. 주요 고객인 어린 학생들과는 그들의 눈높이에서 학교 이야기도 나누고 숙제를 봐주기도 했다.

1978년 모스버거에 절체절명의 위기가 찾아왔다. 매장 바로 맞은편에 맥도날드가 들어선 것이다. 전문가들은 물론 매장 관리자들조차도 모스버거가 큰 타격을 입으리라 생각했다. 그러나 우려와 달리 모스버거는 고객들을 빼앗기기는커녕 오히려 사상 최고의 매장 매출을 올렸다. 단골 고객들이 맥도날드로 가려는 지인들을 붙잡아 모스버거로 데려온 덕분이다. 진심과 정성이 담긴 대접을 받아본 사람은 이를 쉽게 잊지 못하는 법이다.

《니혼게이자이신문》이 일본 소비자를 대상으로 실시한 브랜드 선호도 조사 결과에서 모스버거가 2013년, 2014년 연속 1위를 차지할 수 있었던 것도 그들의 진심이 만들어낸 결과였다.

사쿠라다의 두 번째 성공 비결은 '차별 경영'이다. "맥도날드를 제압하기 위해서는 새로운 싸움판을 그려야 한다"라는 것이 평소 사쿠라다의 소신이었다. 맥도날드와 같은 메뉴, 같은 서비스로는 브랜드, 자본력, 인지도 등에서 승산이 없다고 판단한 그는 일본인의 식문화를 반영한 메뉴를 개발한다. 듬뿍 뿌린 소스 위에 양파와 토마토를 풍성하게 올리는 것은 물론, 1973년에는 미소된장과 간장으로 소스를 만들어 넣은 데리야키버거를 선보여 돌풍을 일으켰다. 고기의 맛을 중시하는 미국인과 달리, 재료의 조화와 양념의 맛을 좋아하는 아시아인의 특성을 반영한 전략이었다.

모스버거의 전략이 성공을 거두자 글로벌 메뉴만 고집했던 맥도날드도 결국 1989년부터 일본인의 식문화를 반영한 데리야키버거를 판매하기에 이른다. 홈그라운드의 이점을 최대한 살린 선제공격이 성공한 결과였다.

아낌없는 교육과 투자로 성장을 이어가다

세 번째 성공 비결은 '인재 경영'이다. 사쿠라다는 "회사를 움직이는 것은 사람이지 사물이 아니다"라는 신념을 가진 사람이었다. 그만큼 사람을 소중히 대했고 회사가 아무리 어려워도 사원 교육에는 투자를 아끼지 않았다.

모스버거 창립 3년째인 1975년부터 점장들을 대상으로 4박 5일 하와이 연수를 보내고 일본 내 각종 전문기관의 경영 교육 프로그램에 직원들을 정기적으로 참여시킨 것도 이러한 투자의 일환이다. 사쿠라다는 "직원 교육에 필요한 돈이라면 빚을 내서라도 지출하겠다"고 말한다. 한 명이라도 뭔가를 배우고 돌아와 모스버거에 귀중한 인재가 된다면 그걸로 만족한다는 게 그의 생각이다. 결국 사람이 가장 중요한 서비스업의 특성을 잘 이해하고 있는 것으로 볼 수 있다. 모스버거가 계속 성장할 수 있었던 배경에는 "기업은 수익을 창출하는 동시에 인재를 교육하는 곳이다"라는 사쿠라다의 기업관과 인재 경영의 원칙이 깔려 있다.

정성 경영, 차별 경영, 인재 경영 등은 어찌 보면 경영학 교과서에서 흔히 접할 수 있는 키워드이다. 하지만 다 아는 사실이라고 해서 누구나 실천할 수 있는 것은 아니다. 사쿠라다는 말한다.

> 기업에 가장 중요한 건 살아남는 것이다. 결코 중간에 실패하거나 도산해서는 안 된다. 그러기 위해서는 모든 수단과 방법을 동원해야 한다.

작은 구멍가게에 불과했던 햄버거 가게가 거대 기업의 경쟁업체로 회자되기까지는 단 몇 페이지로 정리할 수 없는 수많은 어려움과 위기가 있었을 것이다. 그러나 무엇보다 패스트푸드 분야에서 통용되던 상식을 뒤집는 남다른 전략이야말로 어려움과 위기를 이겨내는 원동력이 아니었을까. 다른 패스트푸드 기업이 '더 빠르고 간편한' 방식을 고민할 때 조금 느리더라도 정성스러운 조리와 진심 어린 서비스를 선택한 사쿠라다와 모스버거의 성공은 우리가 당연하게 받아들이는 것이 상식이 아니라 편견일 수도 있음을 말해준다.

모스버거는?

1972년 일본 나리마스에 1호점을 설립했다. 2014년 기준 일본에서 1,419개의 점포를 운영하고 있으며 한국, 중국, 호주 등 세계 8개국에 321개의 매장을 갖고 있다. 1988년 일본 외식업계 최초로 도쿄 증시에 상장됐으며,《니혼게이자이신문》이 발표한 '일본 소비자들의 브랜드 선호도'에서 2013년과 2014년 연속 1위를 차지했다.

02
사람이 곧
자산이다
: 새스 인스티튜트 CEO, 짐 굿나잇 :

미국에서 가장 일하기 좋은 회사

2015년 3월 미국 갤럽이 전 세계 143개국을 대상으로 '행복한 나라' 순위를 조사하여 발표했다. 조사 항목 중 하나인 한국인의 '긍정적 경험지수(positive experience index)'는 143개국 중 118위에 머물렀다. 2015년 보건복지부가 발표한 한국 아동의 '삶의 만족도' 역시 100점 만점에 60.3점으로 OECD 회원국 가운데 최하위를 기록했다. 야근과 과로에 시달리는 한국 직장인들의 행복지수 역시 그리 높지는 않을 것 같다.

미래의 성공을 담보로 현재의 불행을 견디는 이런 사람들과 완전히 반대되는 생각을 가진 CEO가 있다. "행복한 젖소가 건강한 우유를 만든다"는 경영 신념을 가진 새스 인스티튜트(SAS Institute)의 CEO 짐 굿나잇(Jim Goodnight)이다. 대학에서 통계를 많이 다루는 학문을 전공한 사람이라면 누구나 한 번쯤 사용해보았을 통계 소프트웨어 새스(SAS)를 만든 주인공이다.

기업 내 다양한 데이터 관리, 고급 분석(advanced analytics), 산업 솔루션 등의 프로그램을 제공하고 있는 새스 인스티튜트는 미국인들에게 일명 '신의 직장'으로 불리는 곳이다. 《포천》이 선정한 '미국에서 가장 일하기 좋은 100대 기업' 최상위권에 약 17년 동안 랭크되었고 2010년, 2011년에는 2년 연속 1위, 2015년에는 4위를 기록했다.

새스에는 다섯 가지가 없다. 야근, 잔업, 해고, 정년, 그리고 비좁게 머리를 맞대고 근무하는 사무실이 없다. 전 직원이 각자 개인 사무실에서 주당 35시간만 근무하면 되고 개인적 용무가 발생하면 스스로 알아서 근무 시간을 조정할 수 있다. 또 청소부, 정원사까지 모든 직원을 정규직으로 채용하여 상상을 뛰어넘는 사원 복지를 제공하는 것으로 유명하다.

재무 성적표 또한 훌륭하다. 1976년 설립된 이래 36년간 한 번의 적자도 없이 연평균 8.8퍼센트 이상의 성장률을 기록했다. 2014년에는 매출 30억 9,000만 달러, 부채비율 제로(0), 비즈니스 분석 소프트웨어 분야의 절대적 1위라는 놀라운 성과를 달성했다.

'창조적 인재' 만들기에 주력

굿나잇은 데이터 과학자이자 전문 소프트웨어 프로그래머였다. 1943년 미국에서 철물 가게의 아들로 태어난 그는 대학 재학 당시 컴퓨터 프로그래머로 아르바이트를 하여 등록금을 마련할 정도로 프로그래밍 능력이 탁월했다. 노스캐롤라이나 주립대학교에서 응용수학을 전공하고 통계학 박사 학위를 취득한 뒤 모교에서 교수 생활을 하던 그는 학생들이 통계 분석을 할 때마다 일일이 새로운 프로그램을 작성하는 것을 보고 동료들과 힘을 합쳐 통계 소프트웨어 개발에 착수한다. 그들이 개발한 소프트웨어는 인기가 매우 좋아 초기부터 100여 개의 외부 고객을 확보한다. 이러한 반응을 보고 성공을 직감한 굿나잇은 학교를 나와 개발에 참여했던 동료들과 함께 1976년 새스 인스티튜트를 설립한다.

굿나잇이 새스를 창업할 당시만 해도 소프트웨어 산업은 사실상 존재하지 않는 것이나 마찬가지였다. 연구비를 지원하던 노스캐롤라이나 주도 무료 업그레이드를 제공한다는 조건하에 모든 저작권을 양도할 만큼 소프트웨어의 가치에 대해 무지했다. 경쟁 기업이 거의 없는 상태에서 새스는 첫해부터 흑자를 기록했다. 누군가는 새스가 적절한 시기에 시장에서 유리한 위치를 선점했기 때문에 성공할 수 있었던 것 아니냐고 반문할지도 모른다. 그러나 비슷한 시기에 유사한 분야에서 창업한 SPSS와 비교해보면 새스의 성공이 결코 우연이 아님을 알 수 있다.

SPSS는 1960년대 스탠퍼드 대학교 졸업생들이 세운 통계 소프트웨어 회사로, 2009년 IBM에 12억 달러에 인수되면서 역사 속으로 사라졌다. 그렇다면 두 회사의 운명을 가른 차이는 무엇일까?

우선 굿나잇은 전체 매출의 20~25퍼센트를 연구개발비에 지속적으로 투자하고 직원들의 자기계발을 독려하여 새스의 제품을 최고로 만들었다. 이는 그가 '소프트웨어'의 개념이 정립되기 전부터 소프트웨어 산업의 특성을 정확히 꿰뚫고 있었기에 가능했던 일이다. 기업명을 '회사(company)'가 아닌 '연구소(institute)'로 쓰는 것도 같은 이유이다. 2013년 미국 플로리다에서 열린 '새스 프리미어 비즈니스 리더십 시리즈(PBLS, Premier Business Leadership Series) 강연에 참석한 굿나잇은 새스에 대해 다음과 같이 정의했다.

새스는 지식회사(knowledge company) 중 한 곳으로 대부분의 자산이 유능하고 창조적인 직원들로부터 나온다

이는 사업 초창기부터 굿나잇이 가졌던 생각으로 2005년 《하버드 비즈니스 리뷰》에 실린 글에서는 "창조적인 사고를 가진 직원들, 즉 '창조적 자본'을 최대한 활용할 때 기업은 발전한다"고 밝혔다. 창조적인 직원을 만들기 위해 굿나잇은 다양한 노력을 기울였는데 그중에서도 크게 네 가지에 집중했다. 첫 번째는 직원들을 끊임없이 자극하는 것으로, 새스는 개발 전시회 등 직원들 스스로를 자극시키는 프로젝트를 끊임없이 던져주었다. 두 번째로 스피드를 높이기 위해 혼

란을 최소화하는 것이다. 매년 설문을 통해 불필요한 관행이나 불편 사항을 조사하여 그 결과에 따라 주간회의를 없애고 유연근무제를 도입했다. 이외에도 '직원 모두가 창조적이다'라고 생각하게 만드는 것, '고객과의 긴밀한 관계 형성을 통해 직원이 지속적으로 혁신할 수 있도록 하는 것'이 창조적인 인재를 만든 새스의 노하우라고 밝혔다.

이처럼 새스가 다양한 방법으로 창조적 인재 만들기에 주력할 때, SPSS는 다른 길을 택했다. 1980년대만 해도 새스와 매출이 비슷했던 SPSS는 연구개발을 통해 제품 경쟁력을 높이는 대신 다른 기업을 인수하여 단기간에 기업 규모를 키우는 전략을 선택했다. 대규모 인수 자금을 마련하기 위해 희생된 것은 연구개발비였다. 이 과정에서 유능한 인재들이 회사를 떠났고, 회사의 경쟁력은 끝없이 추락했다. 그 결과 2006년 SPSS의 매출은 2억 6,000달러로 같은 해 19억 달러를 기록한 새스의 6분의 1에도 미치지 못하게 되었다(각사 연차 보고서).

이익과 복지, 두 마리 토끼를 잡다

내부적으로 창의적 인재 만들기에 집중한 새스는 외부적으로는 고객 지원에 주력했다. 새스는 전 세계에 마니아 고객들을 확보하고 있는 것으로 유명하다. 《포천》이 선정한 상위 100대 기업의 91퍼센트를 포함한 139여 개국 7만여 개의 기업이 새스의 제품을 사용하고 있다. 고객 이탈률은 2퍼센트 미만으로 업계 평균의 절반도 안 된다. 이렇게 충성스런 고객층이 형성될 수 있었던 것은 철저한 고객 지원 서비스 덕분이다. 이러한 서비스는 "고객의 행복이 우리의 성공"이라는 굿나잇의 경영 철학을 기반으로 한다.

굿나잇은 창업 초기부터 연간 단위의 소프트웨어 라이선스 갱신 방식을 채택했다. 이는 고객이 일단 라이선스를 구입하고 나면 업그레이드를 포함해 모든 기술 지원을 무료로 받을 수 있는 시스템으로, 다른 소프트웨어업체들이 제품을 판매한 후 별도로 기술 지원비를 요구하는 것과 차이가 있다. 굿나잇은 고객이 고가(高價)의 소프트웨어를 구입했으니 당연히 사용 중 발생하는 문제도 회사가 책임져야 한다고 강조했다. 나아가 직원은 자신이 개발한 상품을 끝까지 책임져야 한다고 생각했다. 최고의 복지혜택을 제공하지만, 그 책임 또한 막중한 것이다. 소프트웨어 제품에 해당 개발자의 이름을 밝히도록 한 것도 이러한 이유 때문이다.

새스의 경영 전략이나 복지 정책은 굿나잇의 젊은 시절 경험에서 비롯된 것이 많다. 새스를 창업할 당시 굿나잇은 두 아이를 키우고 있었는데 회사 업무 때문에 아이들이 갑자기 아프거나 사정이 생겨 부모의 손을 필요로 할 때 함께할 수 없어 안타까움을 절감했다고 한다. 그렇다고 그 순간에 일이 잘된 것도 아니었다. 오히려 아이들 생각에 집중도, 일의 능률도 떨어졌다. 이러한 경험을 바탕으로 그는 이익 창출과 사원 복지가 균형을 이루는 회사를 만들겠다고 결심했다. 유연근무제나 어린이집 운영 등 워킹맘과 워킹대디를 위한 복지에 다각도로 신경을 썼으며 의료 등 직원들의 복지혜택을 확대했다.

굿나잇은 새스가 비상장 기업이기 때문에 외부 간섭 없이 혁신적인 제품 개발과 고객 및 직원의 행복을 추구할 수 있었다고 말한다. 그래서일까. 새스의 이직률은 4퍼센트로 IT업계 평균 이직률 20퍼센트에 비해 크게 낮다.

굿나잇이 추구한 경영에는 공통되는 코드가 있다. 바로 사람이다. 항상 고객이 먼저였고, 직원이 우선이었다. 소프트웨어 회사의 자산도 사람에게서 구했다. 소프트웨어를 만드는 힘 역시 사람에게서 나오기 때문이다. "성공한 사람이 행복한 게 아니라 행복한 사람이 성공한다"는 말이 있다. 새스의 탄탄한 경영 실적은, 행복한 직원이 성공한 기업을 만든다는 것을 우리에게 보여주고 있다.

새스 인스티튜트는?

1976년 설립된, 비즈니스 분석 소프트웨어 및 서비스 분야의 선두 기업으로 비상장 기업이다. 139여 개국 7만여 개의 고객사를 확보하고 있으며, 2014년 매출 30억 9,000만 달러를 달성했다. 《포천》이 선정한 '미국에서 가장 일하기 좋은 100대 기업' 최상위권에 약 17년 동안 랭크되는 등 복지와 성과라는 두 마리 토끼를 잡은 기업으로 유명하다.

로테크에서도
혁신은 가능하다

: 하드록공업 회장, 와카바야시 가쓰히코 :

절대로 풀리지 않는 너트의 대명사

2002년 7명의 사망자를 낸 영국 포터즈바 역 탈선 사고, 2010년 최신예 잠수함 3대(손원일함, 정지함, 안중근함) 운항 정지 사건, 2011년 국내 철통 보안을 흔든 사상 초유의 대통령 전용기 회항 사건.

이 세 사건의 원인은 모두 '나사'에 있었다. 나사 하나 때문에 여러 명이 목숨을 잃었고, 첨단 장비로 무장한 잠수함마저 운항을 중단했으며, 대통령이 탄 전용기가 되돌아와야 했다.

특히 2002년의 나사 문제를 제대로 처리하지 못한 영국은 더 큰 대가를 치러야 했다. 2007년 또다시 나사 풀림으로 인한 탈선 사고가 발생한 것이다. 결국 영국 정부는 열차, 전력 공급선 등에 사용된 너트를 전부 교체하기로 하고 앞으로 교체될 너트에 대해 매우 까다로운 심사 기준을 내세웠다. 그 깐깐한 심사를 거쳐 최종 선택된 제품이 일본 하드록공업이 독자 개발한 '하드록 너트'였다.

'하드록 너트'는 그 이름처럼 어떠한 충격을 가해도 절대 풀리지 않는 풀림 방지 너트의 대명사다. 2005년 미국기계공학학회 컨퍼런스에서 하드록 너트의 원리가 과학적으로 증명되면서 전 세계 철도, 원자력발전소, 대형 선박, 초고층 빌딩 등 나사 한 개의 풀림조차 허용되지 않는 곳에 사용되고 있다.

2007년 《뉴스위크》가 선정한 '세계가 주목하는 일본의 100대 중소기업'에 이름을 올린 하드록공업에는 너트에만 50년 넘게 매달려 지금의 하드록공업을 일구어낸 창업자 와카바야시 가쓰히코(若林克彦)가 있다.

차별화된 '온리원'이 '롱셀러'의 비결

"온리원 상품으로 승부하라."

와카바야시는 자서전 서두에 자신의 성공 비결을 이 한 문장으로 정리했다. 성공 비결이라고 하기에는 지극히 기본적이고 당연해 보이는 말이다. 그러나 시장에서 사장되는 온리원 상품이 얼마나 많은지 생각해보면, '온리원 상품=성공'이라 단언하기 힘든 것도 사실이다. 와카바야시의 온리원은 과연 무엇이 달랐을까.

오사카 공업대학을 졸업한 와카바야시는 밸브 생산업체에서 근무하던 중 풀림 방지 너트인 'U너트'를 개발하고 1961년 후지산업사(현 후지정밀)를 창업한다. 개발 당시만 해도 U너트는 완벽하지 않았다. 강력한 충격이 지속적으로 가해지면 서서히 풀리는 현상이 일부 제품에서 발생했다. 전체 판매량에 비하면 매우 미미한 수준이었지만, 와카바야시는 그냥 넘어가지 않았다. 나사 풀림은 바로 대형 사고로 이어질 수 있었기 때문이다. 그는 밤낮으로 해결의 실마리를 찾아 나섰다.

그러나 동업자의 생각은 달랐다. 이미 U너트가 충분히 잘 팔리고 있는 상황에서, 또 다른 기술을 개발하기 위해 더 이상 비용을 발생시키고 싶지 않았던 것이다. 주위 사람들의 시선 또한 비관적이었다. 그는 당시를 이렇게 회고했다.

> 너트는 기술 수준이 매우 낮은 '로테크(low-tech)' 제품이라 더 이상 발전시킬 여지가 없다고 생각하는 사람들이 많았다. 하지만 나는 그렇게 생각하지 않았다. 아무리 단순해 보이는 기술일지라도 꾸준히 연구해 나가다 보면 다른 회사와 차별화된 제품을 만들 수 있다고 믿었다.

이러한 신념을 가지고 있었기에 그에게는 도처의 모든 기술이 문제 해결의 단서로 다가왔다. 그러던 어느 날, 신사(神社)를 방문한 와카바야시는 도리이(신사 입구에 있는 일본 전통식 문)에 있는 '쐐기'를 보고 결정적인 실마리를 얻게 된다. '너트'와 '쐐기'를 조합하면 문제를 해결할 수 있겠다고 생각한 것이다. 수많은 시행착오 끝에 너트와 볼트 사이에 쐐기를 박은 시제품을 만들었고, 그렇게 해서 탄생한 제품이 바로 절대 풀리지 않는 하드록 너트였다.

그러나 개발의 기쁨도 잠시, 제품 생산 문제로 동업자와 갈등을 겪던 와카바야시는 후지산업사를 동업자에게 거의 무상으로 양도하고, 1974년 낡고 허름한 창고에서 직원 3명과 함께 하드록공업을 창업한다. 이렇게 시작된 하드록공업은 40년 가까이 연속 흑자를 기록하며 2010년 기준 연 매출 12억 엔(170억 원)을 달성하는 글로벌 강소기업으로 성장한다.

하드록 너트의 개당 가격은 일반 너트보다 4배 정도 높다. 게다가 쐐기를 박는 원리로 제작되어 두 개의 너트를 동시에 사용하기 때문에 무겁고, 작업 시간도 오래 걸린다. 그럼에도 불구하고 고객들이 하드록 너트를 선택하는 이유는 단 하나다. 너트 풀림 현상으로 인해 발생할 수 있는 대형 사고를 원천적으로 방지할 수 있기 때문이다.

와카바야시는 아직도 하드록 너트에 만족하지 않는다고 한다. "세상에 있는 모든 상품은 미완성이라고 생각해야 한다"라는 것이 그의 신념이기 때문이다. 그는 어떤 우수한 상품일지라도 최소한 30퍼센트의 개선 여지가 있다고 믿는다. 그만큼 하드록 너트의 무게와 가격 경쟁력 역시 개선해야 할 부분으로 남아 있다. 사실 이 신념 덕분에 탄생한 것이 하드록 너트였고 온리원 상품을 롱셀러로 만든 첫 번째 비결이었다.

온리원 상품을 롱셀러로 만드는 두 번째 비결은 제품이 '필수품인

아무리 단순해 보이는
기술일지라도
꾸준히 연구해 나가다 보면
차별화된 제품을
만들 수 있다.

동시에 소모품'이 되도록 만드는 것이다. 16량짜리 신칸센의 경우, 신칸센 한 대당 하드록 너트 약 2만 개가 사용되는데 이를 정기적으로 교체하기 때문에 상당한 추가 수요가 보장된다. 하드록 너트는 송전선용 철탑, 초고층 빌딩, 원자력발전소 등으로 사용 영역을 확대했으며 여기에서도 정기적으로 교체 수요가 예상된다. 최근에는 대만, 중국의 고속철도와 한국 KTX, 인천대교 등에도 사용되었다.

좋은 아이디어는 타인을 행복하게 한다

마지막으로, 와카바야시는 온리원 롱셀러 상품을 만들어낸 비결을 묻는 사람들에게 '이타(利他) 정신'을 강조한다. 자신과 자사의 이익만을 추구하는 것이 아니라 어떻게 하면 고객과 세상 사람들을 기쁘게 할 수 있는지 생각하다 보면 좋은 아이디어가 떠오르고, 이러한 마음이 상품에 담겨 있어야 진정한 온리원 롱셀러 상품이 탄생한다는 것이다. 이는 그의 어릴 적 체험에서 나온 믿음이다.

열 살이 되던 해, 어른들이 허리를 굽힌 채 힘들게 씨를 뿌리는 모습을 본 그는 궁리 끝에 바퀴에 일정한 구멍을 뚫어 손쉽게 씨를 뿌릴 수 있는 기계를 만들었다. 그 기계 덕분에 어른들은 편하게 일하게 되었고, 어른들 칭찬에 신이 난 그는 '송풍기가 달린 아궁이'를 발명하는 등 동네에서 꼬마 발명가로 이름을 날렸다. 와카바야시는 이러한 경험을 통해 "아이디어는 사람들을 행복하게 만든다"는 사실을 깨달았다고 한다. 이 깨달음은 신념이 되었고 곧 하드록공업의 경영 이념으로 자리하게 된다. 직원들에게도 이타 정신을 강조하여 매일 아침 하드록공업의 모든 직원은 다음과 같은 문구를 외친다고 한다.

아이디어 개발을 통해 사람과 회사, 사회 발전에 공헌한다.

이타 정신은 존경받는 기업가들의 공통된 경영 이념 중 하나이다. 일본에서 가장 존경받는 3대 기업가*로 불리는 교세라 명예회장 이나모리 가즈오(稻盛和夫) 역시 "이타심은 지옥도 극락으로 만들 수 있는 요인으로, 남을 위하는 마음이 비즈니스의 원점이다"라고 강조한 바 있다. 와카바야시가 평소 직원들에게 자주 언급하는 말 중 하나인 '대야물의 원리'도 이와 일맥상통한다.

대야에 들어 있는 물은, 자기 쪽으로 끌어당기면 반대 방향으로 흘러 가고 반대쪽으로 밀어내면 자기 쪽으로 흘러온다. 고객이나 사회에 기 쁨을 주려고 노력하면 그것이 자신에게 되돌아온다.

이처럼 와카바야시는 일생 동안 돈을 모으기 위해서가 아니라 좋은 물건을 만들기 위해 애써왔다. 이러한 신념의 대가는 설립 이후 40여 년 연속 흑자라는 대기록으로 되돌아왔다.

* 이나모리 가즈오, 마쓰시타 고노스케, 혼다 소이치로를 꼽는다.

세상이 아무리 빠르게 변한다 해도 결코 변하지 않는 것들이 있다. 많은 사람을 이롭게 하는 가치도 그중 하나이다. 한 번의 성공에 만족하지 않고 끊임없이 도전하며 로테크 제품에서도 놀라운 혁신을 이루어낸 와카바야시의 집념은 절대 풀리지 않는 하드록 너트와 꼭 닮아 있다. 누군가는 그것을 전략이라고 하고, 또 다른 누군가는 그것을 기업가 정신이라고 한다. 그것이 무엇이든 성공한 모든 비즈니스, 그리고 세상을 바꾼 히트 상품의 기원은 결국 사람이라는 진리를 와카바야시 회장이 다시 한 번 증명하고 있다.

하드록공업은?

1974년 설립한 풀림 방지 너트 분야의 선두 기업이다. 2007년 《뉴스위크》 선정 '세계가 주목하는 100대 일본중소기업', 2009년 일본 정부 훈장 '욱일쌍광장' 수상, 2010년 '제35회 발명대상' 본상 수상 등 뛰어난 기술력을 인정받으며 40년 가까이 연속 흑자를 기록하고 있다.

교과서에서 배운
기업 재생의 원칙

: 호시노 리조트 사장, 호시노 요시하루 :

돌아온 후계자의 대담한 개혁

일본의 버블경제가 붕괴되면서 일으킨 파도에 많은 것들이 휩쓸려 갔다. 이 회원제 리조트도 그중 하나였다. 2001년 이 리조트의 부채 총액은 무려 147억 엔(약 1,500억 원). 파산 직전의 리조트, '리조나레(고부치자와)'는 한 리조트 경영자에게 재건을 부탁한다.

그의 손을 거치고 3년이 지난 후, 이 리조트에는 연일 가족 고객들의 웃음소리가 넘쳐나게 되었고 연간 방문객 수만 8만 명에 이를 정도로 인기가 치솟았다. 이 리조트를 인수하여 기사회생시킨 경영자는 지금도 일본 각지에서 생존의 기로에 선 리조트를 되살리는 작업에 박차를 가하고 있다.

이렇듯 놀라운 '재생 경영'으로 업계의 주목을 끄는 호시노 리조트 뒤에는 사장 호시노 요시하루(星野佳路)의 혁신이 있었다.

호시노 요시하루는 대대로 호시노 온천 리조트를 운영하는 가문의 5대째 장손이다. 일본의 명문대학인 게이오 기주쿠를 졸업하고 미국 코넬 대학교 호텔경영대학원에서 경영학 석사 학위를 취득했다. JAL 호텔에서 시카고 호텔 건설 프로젝트에 참여한 후 29세에 부친인 선대 사장의 요청으로 귀국한 엘리트다.

여기까지만 보면 리조트 사장 자리를 약속받은 후계자처럼 보이지만 그 과정이 순탄했던 것만은 아니다. 그는 입사한 지 겨우 반년 만에 사표를 내고 외국계 금융기관으로 전직하는데 그 사연은 이렇다.

부친의 회사에 입사해서 그가 목격한 것은 공과 사를 혼동한 행태가 횡행하는, 규율이라고는 찾아볼 수 없는 현실이었다. 이에 대한 시정과 개혁을 요구했지만 그의 말을 듣는 사람은 아무도 없었다.

그런데 호시노가 떠난 이후 상황이 급변한다. 리조트 개발을 촉진하는 법*이 제정됨에 따라 전국 각지에 새로운 리조트가 생겨나면서 회사 수익이 점차 하향곡선을 그린 것이다. 이에 부친은 호시노에게 전권을 넘겨주는 조건으로 복귀를 요청한다. 다시 돌아온 호시노는 미국에서 배운 경영 기법을 바탕으로 개혁에 착수한다.

일류 리조트를 목표로 했던 호시노가 가장 먼저 한 일은 상세한 접객 매뉴얼을 작성하는 것이었다. 인사하는 방법에서 몸가짐에 이르

---

* 1987년에 제정된 종합보양지역정비법을 말하며, 일명 리조트법이라고 한다.

기까지 모든 것을 탑다운(Top-down) 방식으로 지시했는데 얼마 못 가 큰 벽에 부딪힌다. 요리에 대해 지적하자 조리장이 그만두는 등 베테랑 직원들이 반발하여 차례차례 그만두기 시작한 것이다. 몇 개 월 사이에 직원의 3분의 1이 퇴사했다. 이렇듯 경험이 풍부한 직원들 이 다 그만두자 호시노는 현장의 젊은 직원들을 새로운 책임자로 임 명할 수밖에 없었다. 호시노는 일을 마치고도 리조트에 남아, 책임자 들에게 운영에 필요한 기초 지식을 가르쳤다. 그가 할 수 있는 일은 이것이 전부였다. 나머지는 책임자들에게 맡기는 수밖에 없었다.

몇 개월이 지나자 차츰 변화가 일어났다. 무슨 일이 있을 때마다 호 시노와 상담하던 결혼예식 부문의 책임자는 점점 스스로 생각해 결 정을 내리기 시작했다. 남이 시켜서 하는 일이 아닌 스스로 하는 일 의 즐거움을 알게 되자 보람도 커졌다. 이 책임자는 다른 직원들과 함께 결혼예식 부문을 새롭게 기획하고 14억 엔을 들여 시설을 전면 적으로 리노베이션했다. 그 결과 해당 부문의 매출이 급신장했다.

얼굴에 생기가 도는 직원들을 보며 호시노의 마음속엔 하나의 확 신이 자리를 잡았는데 "맡기면 사람은 스스로 생각한다. 그리고 움직 이기 시작한다"는 사실이었다.

현재 호시노 리조트의 현장 지휘는 유닛 디렉터라는 각 부문의 책 임자가 맡고 있는데, 그것도 호시노가 지명하는 것이 아니라 직원이 스스로 입후보하고 서로의 의견을 모아 선정하는 방식을 따르고 있 다. '수평적인 조직'이라는 대담한 개혁이 직원 스스로 즐겁고 주체적 으로 일하도록 변화를 가져온 것이다.

"모든 경영 기법은 교과서에 있다"

호시노가 리조트를 운영하면서 전적으로 의존하고 있는 것이 있다. 바로 경영 교과서다. 그 대부분은 해외 비즈니스 스쿨의 교수가 과거의 성공 사례와 실패 사례를 검증하여 도출해낸 경영 이론인데 "경험이 일천한 사람의 직감만큼 위험한 것은 없다"는 평소의 생각에 따라 그는 자신의 판단보다 비즈니스 스쿨 교수들이 도출한 법칙을 더 신뢰했다.

한 예로 스키 리조트의 재건을 맡게 된 호시노는 문제의 시작이 자신들의 업무가 서비스업임을 망각한 직원들의 의식에 있다고 판단했다. 이를 극적으로 변화시키기 위해 그는 미국의 경영학자 크리스토퍼 하트(Christopher Hart)가 1988년 발표한 〈서비스 100퍼센트 보증의 힘(The Power of Unconditional Service Guarantees)〉이라는 논문을 참고했다. 그리고 스키장 레스토랑의 주 메뉴인 카레가 맛이 없을 경우 지불한 금액을 전액 반환하는 '맛 보증서 첨부 카레' 프로그램을 도입하여, 직원 스스로가 고객 만족도를 높이기 위해 무엇을 해야 할지를 생각하게 했다.

또 시장에서 사라질 뻔했던 스키 리조트를 필립 코틀러(Philip Kotler)의 경쟁 지위별 전략에 따라 회생시킨 사례도 있다. 바로 홋카이도의 중심부에 있는 대규모 리조트 시설 알파리조트 토마무의 재생 사례다.

토마무는 광대한 면적에 4개 동의 타워 호텔, 스키장, 골프장, 레스토랑 등을 갖추고 있었지만 주위에는 비슷한 규모의 리조트가 4개나 더 있었다. 사람들은 이들 리조트를 비교해 머물 장소를 선택했다. 우선 라이벌 리조트의 동향과 특징을 확실하게 파악할 필요가 있다고 판단한 호시노는 토마무가 현재 처한 상황을 조사했다. 그리고 토마무가 매출, 집객 등에서 1등이나 2등도 아니고, 홋카이도 리조트 중에는 토마무보다 스키장이 더 큰 리조트, 공항에서 더 가까운 리조트, 관광지가 더 가까운 리조트가 존재하는 등 존재감이 미미한 리조트라는 사실을 확인했다.

이런 조건을 극복하기 위해 호시노는 리더(1위 기업)를 추격하는 팔로어 전략을 버리고 니처 전략으로 전환했다. 니처 전략은 고객, 품질, 가격, 서비스 범위를 좁힌 작은 시장에서 리더가 되는 전략이다. 현재 스키를 즐기는 젊은 층(전 인구의 25퍼센트)을 타깃으로 하는 여타 리조트와 달리, 현재는 스키를 즐기지 않지만 스키 경험이 있는 어린이 동반 패밀리 고객(전 인구의 60퍼센트)을 타깃으로 하는 패밀리 리조트로 변신을 시도했다. 결과는 대성공이었다. 100년 만의 불황이라는 리먼 쇼크 직후인 2008년 말부터 2009년 초에도 토마무의 숙박객 수는 전년 대비 10퍼센트나 증가했다.

리조트 사업의 패러다임을 바꾸다

"경영은 99퍼센트의 과학과 1퍼센트의 아트를 기본으로 해야 한다"는 것이 호시노 요시하루의 생각이다. 그는 기존의 경영 사례를 과학적으로 분석함으로써 성공 사례는 반영하고 실패 사례는 반면교사로 삼아 리스크에 대비했고, 여기에 직원들의 마음을 움직이는 아트 1퍼센트를 추가하여 가장 완벽하다고 생각되는 자신만의 경영 철학을 완성했다. 호시노는 교과서 실천을 기본으로 하는 자신의 경영 기법에 대해 이렇게 이야기한다.

> 경영을 하는 데 있어 교과서는 도움이 안 된다고 말하는 사람이 있을 겁니다. 하지만 교과서에 있는 것이 정답입니다. 교과서대로 했는데도 잘 안 되는 경우는 교과서를 이해하지 못했거나 제대로 실천하지 않았기 때문입니다.

호시노는 개발, 소유, 운영을 모두 담당하던 종래 리조트 사업의 개념을 바꿔 운영 분야로 장기를 특화했다. 전문성을 발휘할 수 있는 분야에 집중하여 자신의 철학과 경영 방침을 일본 전역으로 확대한 것이다. 이런 경영 기법에 대한 업계의 평가는 상당히 높다. 일본 관광업계의 원로인 오카모토 노부유키 교수는 다음과 같이 평가했다.

> 호시노 요시하루는 일본 관광업계에서 피터 드러커(Peter Ferdinand Drucker)의 "기업의 목적은 고객 창조에 있고 이를 위해 기업은 마케팅과 이노베이션의 기능을 보유한다"는 주장을 가장 잘 실현하고 있는 경영자다.

이제 호시노 사장의 시선은 세계를 향하고 있다. 2016년 도쿄에 다다미가 깔린 일본식 리조트인 호시노야 도쿄를 완성할 예정인데 이곳에선 외국인도 반드시 신발을 벗어야 된다고 한다.

토요타 자동차가 해외 주요 도시에서 달리는 것처럼 일본 리조트가 외국계 호텔과 어깨를 나란히 하는 시대도 반드시 올 것이다.

호시노 요시하루는 이 리조트를 통해 일본 문화를 세계로 전하고 싶다고 말한다. 호시노 사장이 운영하는 리조트처럼 한국 고유의 문화를 전파하는 세계적인 호텔 기업이 우리나라에서도 탄생하길 기대한다.

호시노 리조트는?

1904년 설립된 호시노 리조트는 일본 각지에서 럭셔리 리조트(호시노야), 고급 전통 온천 료칸(카이), 패밀리 리조트(리조나레) 등 3개 브랜드의 리조트 약 30개를 운영하는 리조트 그룹으로 직원은 1,780명(2013년 기준)이다. 2000년 49억 엔이었던 매출은 2013년 228억 엔으로 4배 이상 증가했다.

원칙이
최고의 전략

: 타타그룹 회장, 라탄 타타 :

인도인이 사랑하는 국민기업

 한 자동차 회사의 회장이 임원들과 함께 차를 타고 이동 중이었다. 그런데 중간에 타이어에 펑크가 나고 말았다. 운전기사는 황급히 차를 세우고 수리에 들어갔고, 임원들은 잠시 차에서 내려 잡담을 나누기 시작했다. 여기까지는 흔히 볼 수 있는 광경이다. 그런데 어느 순간, 회장이 보이지 않았다. "회장님이 어디 가셨지?" 하고 찾아보니, 회장은 펑크 난 차량 뒤편에서 손에 잭과 스패너를 쥔 채 기사를 도와 타이어를 갈아 끼우고 있었다. 이마와 와이셔츠에는 땀이 흥건했다. 바로 인도 최대 기업 타타그룹(Tata Group)의 5대 회장, 라탄 타타(Ratan Tata)의 일화이다.

타타그룹은 1868년 창업해 무려 150여 년을 이어왔으며 2014년 기준 매출액이 인도 GDP의 5.5퍼센트를 차지하는 거대 기업이다. 실제 인도인들에게 있어 타타그룹의 의미는 GDP 수치 이상이다.

타타그룹 계열사들은 자동차, 에너지, 철강, 화학, 정보통신, 호텔, 식음료, 보험 등 제조업부터 서비스업까지 다양한 분야에 걸쳐 있어 인도인의 생활 곳곳에 깊숙이 영향을 미치고 있다. 많은 인도인들이 타타그룹이 만든 주택에 살고 자동차를 탄다. 또 타타그룹이 운영하는 정보통신업체를 통해 전화 통화를 하고 금융 계열사의 보험에 가입하며, 출장이나 휴가를 갈 때는 타타그룹의 호텔을 이용하는 등 일상의 많은 부분이 타타그룹과 연관되어 있는 것이다.

라탄 타타는 1991년 타타그룹의 경영권을 승계받아, 회장 취임 20여 년 만에 타타를 세계적인 기업으로 키워낸 인물이다. 하지만 세계 부호 명단에서 라탄 타타의 이름은 찾아볼 수 없다. 타타그룹은 윤리와 준법 경영을 중시하고, 이익보다 신의를 목표로 하는 기업으로 유명한데 이러한 기업의 정체성을 확립한 경영자가 바로 라탄 타타이다. 그렇기에 더욱 인도인에게 존경받는 기업인 라탄 타타 회장, 그의 특별함에 대해 알아본다.

혹독한 시련 끝에 혁신을 선도하다

라탄 타타는 사실 타타그룹의 창업자인 잠셋지 타타(Jamsetji Tata)

의 먼 친척이었다. 타타 일가에는 자식이 매우 귀해서 잠셋지 타타의 두 아들도 자식을 두지 못했다. 그래서 친족 중에서 양자를 들였는데 그가 바로 라탄 타타이다. 타타는 7세 때 양친이 별거하면서 할머니 밑에서 남동생과 함께 성장했다. 평범한 유년기를 보낸 뒤에는 미국 코넬 대학교에서 건축학을 전공했다. 1962년 졸업 후 할머니의 병간호도 할 겸 인도로 돌아오면서 타타그룹과 인연을 맺었다.

라탄 타타에게 처음부터 좋은 자리가 주어졌던 것은 아니다. 타타스틸(Tata Steel)의 용광로에서 현장 근로자와 함께 근무하기도 했고 그룹 내에서도 재무 상태가 나쁜 넬코(NELCO, National Radio and Electronics Company)의 경영진으로 참여하는 등 험난하고 도전적인 과업을 묵묵히 수행했다. 그는 1975년 하버드 비즈니스 스쿨에서 경영학 수업을 받고 다시 돌아와 섬유회사인 엠프레스 밀스(Empress Mills)를 경영하지만 1986년 파산에 이르고 만다. 그 후 그룹에서 기획 업무를 담당하면서 타타그룹의 하이테크 사업 전환을 도모했는데 그 역시 쉽지 않았다. 따라서 그룹 회장으로 취임하기 전에는 별다른 주목을 받지 못했다.

사실 회장 취임 초기만 해도 내향적 성격의 그가 경영자로서 적합한가를 놓고 많은 이견이 있었다. 1991년 라탄 타타가 회장으로 취임하던 시절 타타그룹은 규모는 크지만 활력이 떨어지는 상태에 있었다. 하지만 그는 과감한 개혁과 사업 구조조정을 통해 타타그룹을 혁신을 선도하는 글로벌 기업으로 바꾸었다.

어떻게 그것이 가능했을까? 과연 그 과정은 순탄하기만 했을까?

그는 원칙에 입각한 과감한 혁신을 주도하며 자신의 진가를 서서히 드러냈다.

그에게 주어진 첫 번째 시련은 취임 직후 다가왔다. 그룹의 중심 기업인 타타스틸에 내분이 일어난 것이다. 당시 75세의 경영자와 젊은 경영진 간에 벌어진 다툼은 창업자의 집안싸움으로 언론에 대서특필되었고, 인도 국민은 그들에게 싸늘한 시선을 보냈다. 바로 이때, 라탄 타타는 그룹 회장으로서 경영진 교체에 대한 원칙을 정립, 단칼에 내분을 잠재웠다. 75세가 되면 경영진에서 물러나야 한다는 원칙을 세우고 경영진의 세대 교체를 단행한 것이다.

이참에 위기를 기회로 바꾸기로 결심한 그는 한 발 더 나아갔다. 타타그룹의 정체성을 확립하기로 한 것이다. 그리하여 1998년, 성실과 정직(integrity), 이해(understanding), 탁월성(excellence), 통합(unity), 책임(responsibility) 등 오늘날 타타그룹을 대표하는 5대 핵심가치를 확립하고 대내외에 천명했다.

그리고 2004년에는 대우상용차를, 2005년에는 싱가포르의 냇스틸(NatSteel)을 인수하는 등 타타그룹의 글로벌화를 적극적으로 추진했다. 대대적인 구조조정도 본격화했다.

라탄 타타는 구조조정의 원칙을 '해당 분야 세계 Top 3에 들 수 있는 능력', '글로벌 경쟁 능력', '수익 능력' 세 가지로 정했다. 이 원칙에 따라 화장품과 의약품 같은 비핵심 사업과 섬유와 시멘트처럼 미래 수익성이 떨어지는 사업은 과감하게 퇴출시켰고, 소매와 통신, 바이오 같은 미래 신수종 사업으로 그 자리를 채웠다. 또한 타타스틸과 타타자동차의 혁신에 모든 역량을 집중했다. 오랜 역사를 가진 자동차 회사 재규어, 랜드로버와 대우상용차 등 해외 인수합병을 성사시키면서 새로운 도약의 발판을 마련했다.

타타의 약속, 그리고 나노베이션

라탄 타타가 주도한 혁신의 최고 정점에는 타타자동차가 있다. 특히 지난 2008년 선보인, 세계에서 가장 저렴한 승용차 나노(Nano)는 '나노베이션'이라는 용어까지 등장시키며 세계를 놀라게 했다. 나노베이션의 시작은 지난 2002년으로 거슬러 올라간다.

라탄 타타 회장은 어느 비오는 저녁, 서너 명의 가족이 스쿠터 한 대에 몸을 싣고 가다가 사고를 당하는 장면을 목격한다. 인도에서는 사실 매우 흔한 광경이었지만, 타타 회장은 그 장면을 보며 스쿠터 한 대 가격에 살 수 있는 자동차를 만들기로 결심한다.

그리고 2004년 라탄 타타 회장은 전 국민 앞에서 "10만 루피(약 250만 원)짜리 국민차를 만들겠다"라고 약속했다. 하지만 이 약속이 지켜질 거라고 생각한 사람은 많지 않았다.

"이륜차 두 대를 나란히 세우고 그 위에 지붕만 씌우는 것 아냐?", "(말은 저렇게 하지만) 실제로는 10만 루피보다 훨씬 비쌀 거야" 등 의견이 분분했지만 어쨌든 10만 루피로는 제대로 된 자동차를 만들 수 없다는 것이 업계 관계자들의 공통된 의견이었다. 아니나 다를까, 초

저가 자동차의 개발 과정은 그야말로 고난의 연속이었다. 타타는 32세의 스타 엔지니어인 기리시 와그(Girish Wag)에게 국민차 개발 팀을 이끌게 하면서 세 가지 조건을 내걸었다.

우선 가격이 저렴해야 하며, 자동차 안전 기준을 충족시켜야 하고, 연료 효율성이나 가속 능력과 같은 성능도 좋아야 한다.

와그 팀이 개발한 초기 프로토타입은 문 대신 바를 설치하고 천장을 플라스틱으로 만든, 말 그대로 자동차라기보다는 네발 자전거에 가까웠다. 무수한 시행착오가 이어졌고 실패 보고서가 줄을 이었다. 개발자들은 새로운 시도가 실패할 때마다 혹시 질책을 받지나 않을까 마음을 졸였다. 하지만 라탄 타타는 단 한 번도 큰 소리를 내지 않았다. 오히려 운전기사를 도와 펑크 난 타이어를 갈아 끼울 때처럼 개발 프로젝트의 팀원으로 직접 참여하여 직원들을 독려했다. 미국에서 건축학을 전공한 타타는 평소에도 보고서를 읽는 것보다 현장의 젊은 엔지니어들과 논의하는 것을 좋아했다.

라탄 타타 회장은 개발 초기부터 협력업체 사장들에게 프로토타입을 보여주면서 도움을 청했다. 처음에는 독일의 보쉬와 같은 선진업체는 물론 인도의 많은 협력업체들도 성공에 대해 반신반의했다.

그러나 그는 나노 개발을 단순히 신차 한 대를 개발하는 것이 아니라 타타그룹 경영 전체를 혁신하는 과정으로 이끌었다. 곧 타타그룹의 수많은 협력사들이 모여 아이디어를 공유하기 시작했다. 나노를 그렇지만 가격은 단돈 10만 루피입니다.
약속은 약속이기 때문입니다.

개발하는 일은 단순히 신차를 만들고 가격을 낮추는 작업이 아니라 새로운 변화의 가능성을 찾고 실현하는 혁신의 과정, 즉 나노베이션의 과정이었다.

마침내 2008년 1월 10일 오전 11시 30분, 수많은 취재진이 지켜보는 가운데 델리 자동차 엑스포 전시장에 라탄 타타 회장이 나노를 타고 등장했다. 나노 개발 성공에 대한 그의 설명이 이어지자 장내에는 박수와 환호성이 가득했다. 열기는 점점 고조되었고, 라탄 타타 회장은 "마지막으로 가격은⋯⋯"이라며 말을 꺼냈다.

우리가 자동차를 만들기로 결심한 4년 전과 비교해 철판이나 타이어 등 자재 가격이 많이 올랐습니다.

전시장은 일순간 정적에 휩싸였다.

그렇지만 가격은 단돈 10만 루피입니다. 왜냐하면 약속은 약속이기 때문입니다.

당초 라탄 타타 회장은 저가의 국민차를 구상했지만 구체적으로 가격까지 염두에 두었던 것은 아니다. 기자회견 중에 무심코 말한 숫자가 전 세계로 보도되면서 결정되었을 뿐이다. 하지만 약속한 것을 흔들림 없이 지켜내는 모습을 통해 소신을 지키는 경영자의 진면목을 보여주었다. 평소에도 라탄 타타 회장은 기업의 사회적 책임을 중시하면서 내부적으로 청결한 조직을 강조했고 본인 스스로 솔선수범하는 모습을 보여 존경을 받았다.

2008년 인도 정부는 라탄 타타에게 최고 시민상인 '파드마 비후샨 (Padma Vibhushan)상'을 수여했다. 약속을 지키는 그의 모습은 2012년 말 퇴임 과정에서도 어김없이 드러났다. 스스로 정한 대로 75세 정년을 맞이하여 회장직에서 물러난 것이다. 약속은 약속이기 때문이다. 그는 미련 없이 은퇴를 선택했고, 우리는 그 덕분에 원칙과 약속의 가치를 아는 경영자의 아름다운 뒷모습을 볼 수 있었다.

타타그룹은?

150여 년의 역사를 가진 인도의 대표 기업으로 1868년 잠셋지 타타가 봄베이에서 창업한 타타상회에서 출발했다. 자동차, 전기, 철강, 정보통신, 호텔, 보험 등 96개 회사로 구성되어 있고, 매출은 2014년 기준 1,033억 달러로 인도 GDP의 5.5퍼센트를 차지한다. 80개가 넘는 국가에 100개 이상의 거점을 가지고 있으며, 58만 명의 직원을 고용하고 있다.

06
화려한 스킬보다 강력한 '기본'의 힘

: 보잉 사 회장, 제임스 맥너니 :

24년간 6개 회사를 성장시키다

〈살인의 추억〉, 〈괴물〉, 〈변호인〉 등 주연을 맡은 영화마다 연이은 흥행몰이에 성공하여, 2014년 기준, 개인 통산 누적 관람객 수 8,000만 명을 돌파한 배우 송강호는 충무로 최고의 흥행 보증수표다. 외적인 화려함보다는 기본에 충실한 연기력이 그의 성공 비결로 꼽힌다.

이처럼 미국 CEO계에서도 화려한 카리스마보다는 기본에 충실한 조용한 리더십으로, 맡는 회사마다 크게 성장시키는 경영의 보증수표 가 있다. 바로 보잉 사의 회장, 제임스 맥너니(James McNerney)다.

전자제품, 사무용품에서부터 제트엔진, 항공기에 이르기까지 24년 간 6개 회사의 CEO로 활약하며 이룬 성과 덕분에, '맥너니 효과'라는 신조어가 등장하기도 했다. 기존 경영진의 구매 비리와 성추문으로 실적 부진을 면치 못하던 보잉 사의 주가가 맥너니를 영입한다는 소식만으로도 7퍼센트나 상승했던 일화는 '맥너니 효과'가 얼마나 대단한지를 단적으로 보여준 사건이다.

그가 오랜 기간 동안 꾸준히, 다양한 산업의 회사를 성장시킨 비결은 무엇일까?

멈추지 않는 '맥너니 효과'

1950년 미국에서 출생한 그는, 예일 대학교와 하버드 대학교 경영대학원 MBA를 졸업하고, P&G와 맥킨지를 거쳐, 1982년 GE에 합류한다. 그리고 입사한 지 9년 만인 1991년 배전 및 제어설비 사업부(GE Electrical Distribution and Control) CEO에 오른 것을 시작으로, 전문 경영인의 삶을 시작한다.

이후, 10년간 GE 아시아태평양 사업부, GE라이팅, GE제트엔진 등의 성장에 크게 공헌하며, 잭 웰치(Jack Welch)의 가장 유력한 후계자로 떠오른다. 하지만 라이벌이었던 제프리 이멜트(Jeffrey Immelt)가 잭 웰치의 후계자로 선정되자, 3M은 기다렸다는 듯 그에게 러브콜을 보냈고, 맥너니는 19년간 몸 담았던 GE를 뒤로한 채 3M의 CEO로 자리를 옮긴다.

혁신적인 제품을 끊임없이 개발하면서 성장해온 3M은, 100년 역사 동안 회사 내부에서만 CEO를 발탁해왔을 만큼, 자사의 문화를 고수하기로 유명하다. 그러나 1990년대 말 아시아발 경제위기로 해외 사업이 타격을 입으며 성장이 정체되자, 역사상 첫 외부 CEO로 맥너니를 영입했다.

3M의 러브콜에 맥너니는 성장으로 화답했다. 그가 재임한 4년 동안, 주가는 34퍼센트 상승했으며, 매출과 순이익은 각각 32퍼센트, 118퍼센트 증가했다. 시장은 이러한 3M의 성장을 두고 "오래된 기업에 새로운 피를 주사한 것이 주효했다"고 평가했다.

그의 성공 신화는 여기서 멈추지 않았다. GE제트엔진 CEO 시절 보잉777에 GE90 제트엔진을 납품한 것을 계기로 보잉 사와 인연을 맺은 맥너니는, 3M CEO로 재임하던 기간 내내 보잉으로부터 끊임없는 구애를 받는다. 결국 2005년, 그는 경영진들의 각종 스캔들로 추락하던 보잉 사의 조종간을 잡게 된다. 재임 직후, 맥너니는 보잉에 남아 있던 부도덕한 경영 문화를 일소하고 미 공군과 한 해 매출의 4분의 1에 해당하는 150억 달러 계약을 성사시킴으로써, 보잉을 회생의 길로 이끌었다.

'윤리'와 '사람'을 중시하는 조용한 리더십

CEO로서 24년간 6개 회사를 성장으로 이끈 제임스 맥너니. 그의 성공 비결은 무엇일까?

그는 화려한 쇼맨십과 강력한 카리스마로 조직을 장악하려 하지 않았다. 오히려 조용한 리더십으로 조직의 점진적인 변화를 이끌었다. 이는 오랜 기간, 다양한 산업 분야에서 자신이 맡은 기업을 성공으로 이끈 비결이기도 했다.

맥너니가 3M의 CEO로 취임했을 당시, 그는 대내외적으로 많은 기대와 충분한 지원을 받고 있었다. 하지만 변화를 서두르지는 않았다. 그가 3M에서 가장 먼저 한 일은 대규모 구조조정이나 인수합병이 아니라, 기존 리더들과의 토론을 통해 회사의 외부 환경과 내부 역량을 정확히 이해하는 일이었다. 뿐만 아니라 GE 재직 시절부터 잘 알고 있었던 6시그마를 도입할 때도, 자신의 전문성을 내세워 강압적으로 적용하지 않았다. 오히려 기존 리더들에게 자문을 구하고 6시그마 추진 과정에 많은 자율성을 부여하면서 부드럽게 접근했다. 그로 인해 조직에 맥너니의 6시그마 철학이 자연스럽게 녹아들면서 3M의 수익성이 크게 개선되었다.

《월스트리트 저널》도 "모리스 그린버그(Maurice Greenberg, 전 AIG 회장), 잭 웰치(전 GE 회장), 샌퍼드 웨일(Sanford Weill, 전 씨티그룹 회장) 등 독불장군형 CEO는 사라지고 겸손하고 조용한 CEO가 새롭게 부상하고 있다"며 맥너니의 조용한 리더십을 높이 평가했다.

그의 조용한 리더십 저변에는 기본에 충실한 두 가지 경영 철학이 곧게 자리 하고 있다. 바로 '윤리'와 '사람'이다. 그는 이렇게 말한다.

윤리를 지키지 못하는 것보다는 약속을 지키지 못하는 것이 낫다.

이렇듯 맥너니는 '윤리'를 경영에 있어 최우선의 가치로 생각했다. 그가 취임한 직후, 보잉은 전(前) 경영진의 구매 비리에 대한 합의금으로 6억 달러를 지불해야 했는데 맥너니는 합의금에 대해 2억 달러의 세금 감면을 받을 수 있었음에도 불구하고, '윤리'에 어긋난다는 이유로 이를 포기했다. 이런 의사 결정은 평판을 중시하는 국방업계에서 긍정적으로 작용했고, 보잉이 구매 비리 스캔들에서 대한 오명을 씻고 미 공군과 150억 달러의 계약을 성사시키는 근간이 되었다.

그는 또한 "내가 할 일은 그저 '사람'의 마음을 여는 것뿐이다"라고 할 만큼, '사람'을 중요시했다. 회사를 움직이는 것은 사람이기 때문에, 무엇보다 사람이 회사의 중심이 되어야 한다는 철학을 갖고 있던 것이다.

또한 그는 회사의 성장은 CEO의 전략적 의사 결정이 아닌 직원 개개인의 성장에서 비롯되어야 하며, 직원 개개인의 성장은 회사의 목표와 직원의 목표가 동일선상에 있을 때 비로소 가능하다고 생각했다. 3M에 부임한 직후, 맥너니는 본인이 생각하는 리더십을 회사 내에 전파하는 대신 직원들이 토론을 통해 3M만의 리더십을 정의하도록 했다. 더 나아가, 직원들이 직접 정한 리더십 목표를 기준으로 그들을 평가하고 개개인의 발전을 도모할 수 있도록 이끌었다.

CEO계의 성공 보증수표 맥너니의 비결이 교과서에서 흔히 볼 수 있는 '윤리와 사람에 충실한 조용한 리더십'이라는 사실에 의아해하는 사람도 있을지 모른다. 그러나 날씨, 오심 등 변수가 많은 스포츠 경기에서 꾸준한 강자는 기본기가 탄탄한 팀이라는 사실을 상기해보면, 급변하는 시장에서 꾸준한 성공을 거두는 비결이 '기본에 충실한 조용한 리더십'이라는 점 또한 너무도 당연해 보인다. 더불어 우리가 당연한 것을 잊고 산 것은 아닌지 생각해보게 된다.

"강한 자가 살아남는 것이 아니라, 살아남는 자가 강한 것이다"라는 말이 있다. 급변하는 시장을 마주하는 우리에게 정말 필요한 것은 겉으로 드러나는 강력한 카리스마보다는, 그 어떤 상황에도 살아남을 수 있는 기본에 충실한 리더십이 아닐까?

보잉 사는?

유럽의 에어버스와 더불어 세계 항공업계의 양대 산맥을 이루는 미국의 항공우주 기업이다. 1916년 설립되어 1, 2차 세계대전을 거치며 급성장했으며, 1960년대 민항기 제작을 시작해 제트여객기 시대의 도래에 기여했다. 그 후, 방위 산업과 항공기 제작의 세계적인 리더로 자리매김했다. 2010년 우주 여행업에 진출하여 2017년 운항을 목표로 7인승 우주선 'CST-100'을 개발 중이다.

2부

경영은
결단이다

배터리에
미친 사나이

: 비야디 창업자, 왕촨푸 :

워런 버핏을 매료시킨 회사

투자의 귀재 워런 버핏은 중국 기업 비야디(比亞迪, BYD)를 두고 이렇게 말했다.

> 비야디는 미래를 대표하는 업체, 신기한 회사다.

버핏은 2008년 2억 3,000만 달러를 투자해 이 회사 지분의 10퍼센트를 인수했다. 이 투자로 비야디 주식은 1년 사이 7배나 뛰었고, 중국 갑부 순위 100위권 밖에 있던 창업자 왕촨푸(王傳福) 회장은 2009년 자산 350억 위안으로 중국 최고 갑부에 선정되었다(후룬(胡閏) 보고서).

비야디는 1995년에 설립된 휴대폰 배터리 제조업체다. 일본 기업이 장악하던 충전지 시장에 도전해 독자 기술로 2003년 세계 2위까지 올라섰고, 배터리 기술을 기반으로 자동차 시장에 진출해 5년 만에 세계 최초로 가정에서 충전 가능한 전기 자동차를 개발한 입지전적인 기업이다. 2009년에는 미국의 경제 주간지 《비즈니스위크》가 선정한 '세계 최고 업적 100대 과학기술 기업' 순위에서 애플과 마이크로소프트를 제치고 1위에 선정되기도 했다. 창업 당시 고작 20명이었던 직원이 20년도 안 되어 20만 명으로 늘었고, 매출액 600억 위안, 순이익 30억 위안의 성과를 내는 기업으로 성장했다(2012년 기준).

"너의 꿈을 세워라(Build Your Dreams)"라는 사명이 말해주듯이 CEO 왕촨푸는 비야디를 통해 자신의 꿈을 실현하고 있다.

자체 기술로 배터리 업계에 우뚝 서다

1966년 중국에서 태어난 왕촨푸는 부모님을 일찍 여의면서 매우 가난한 어린 시절을 보냈다. 입 하나라도 덜기 위해 다섯 명의 누나들은 어린 나이에 시집을 갔고, 형은 가족을 부양하기 위해 학업을 포기했다. 가족들은 영리하고 공부 잘하는 왕촨푸에게 모든 희망을 걸었다. 그도 가족의 기대를 저버리지 않기 위해 최선을 다했다.

왕촨푸는 명문대학인 중난 대학 야금물리화학과에 입학해 4년 동안 수석을 놓치지 않았다. 1990년 베이징 유색금속연구원에서 석사 학위를 받으면서 연구 능력을 인정받아 26세의 젊은 나이에 실험실 부주임으로 파격 승진했다.

27세에는 연구원 산하의 비커전지유한공사의 사장으로 초빙되는 등 젊은 나이에 승승장구했다. 그러다 29세가 되던 1995년 돌연 안정적인 월급쟁이 사장 자리를 내던지고 휴대폰 배터리 제조업체 비야디를 창업한다. 2만 위안(약 350만 원)이 넘는 값비싼 휴대폰을 사기 위해 몰려드는 사람들을 보고 배터리 수요가 폭발할 것을 확신했기 때문이다.

당시 세계 휴대폰 배터리 시장은 일본 제조업체들이 쥐락펴락하는 상황이었다. 휴대폰 배터리는 연구개발에 엄청난 비용이 들기 때문에 다른 중국 업체들은 비싼 로열티를 물어가며 외국 기술을 도입하고 있었다. 왕촨푸의 도전을 두고 불 보듯 뻔한 실패라며 조롱하는 사람도 있었다.

그러나 왕촨푸는 흔들리지 않았다. 사업 초기, 그는 직접 연구하고 개발한 제품만 생산, 판매하는 전략으로 원가를 절감했다. 더불어 원료 및 품질 관리, 투자 등의 경영 부문도 직접 관리함으로써 저비용, 고효율 체제도 갖췄다. 이러한 그의 노력은 1997년 하반기 아시아 외환위기 때 빛을 발했다. 휴대폰 배터리 수요가 급감하여 가격이 곤두박질치는 상황에서도 버텨낼 수 있었던 것이다. 이후 경기가 회복되면서 필립스, 마쓰시타, 소니 등 세계 굴지의 업체들로부터 대규모 주문이 밀려들었다. 그 결과 무명 기업 비야디는 배터리 업계의 무서운 아이로 불리며 창업 2년 만에 매출액 1억 위안 이상을 올리는 중견 기업으로 발돋움한다. 이후 3년간 해마다 100퍼센트 이상의 성장률을 기록한다.

멈춤 없는 도전, 전기 자동차

비야디를 세계적인 배터리업체로 성장시킨 뒤에는 2003년 파산 직전의 친촨자동차 지분 77퍼센트를 인수하며 자동차 업계에 뛰어든다. 오토바이보다 나을 것 없는 자동차를 만드는 회사를 인수하면 모기업까지 위험해질 수 있다며 강하게 반대하는 경영진을 왕촨푸는 이렇게 설득했다.

> 자동차 사업은 배터리 사업과 관계도 많고 설사 실패하더라도 재기할 수 있습니다. 해보지도 않고 실패를 걱정하면 어떻게 발전하겠습니까?

일일이 경영진을 설득하여 시작한 자동차 사업은 초기에 적자를 면치 못했고 배터리 사업에서 번 수익이 고스란히 투입되었다. 그러나 5년 만에 전기 자동차 F3DM을 내놓아 세계를 놀라게 했고 2009년에는 전년 대비 판매가 160퍼센트나 증가하는 기록을 올렸다. 또한 2010년에는 5인승 전기 자동차 E6가 미국 시장에서 토요타 프리우스의 강력한 대항마로 부상하며 기염을 토한 바 있다.

비야디의 기술력에 대한 왕촨푸의 자부심은 대단하다. 오직 자체 기술만으로 세계적인 기업 반열에 올랐기 때문이다. 이러한 자부심은 기술자에 대한 애정으로 이어지는데, 그가 늘 입에 올리는 말을 통해서도 잘 드러난다.

기술자들은 내 자본이다. 나는 앞으로 직원을 30만 명까지 늘릴 생각이다. 이 가운데 10퍼센트는 기술자로 채울 것이다.

왕촨푸의 신념은 인재를 채용할 때도 적극 반영되었다. 이른바 '301 전략'이다. 중국 엔지니어 300명이 글로벌 선진 기업의 핵심 인재 1명을 대신할 수 있다는 의미로, 이는 상위 20퍼센트의 집단이 전체 매출의 80퍼센트를 만들어낸다는 파레토 법칙을 깨뜨리는 개념이다.

그는 "중국의 젊은 기술자 실력이 유럽의 기술자들보다 뛰어나 어떤 물건이든 만들어낼 수 있다. 비야디가 만든 제품은 다른 기업이 만든 비싼 제품보다 더 오래 쓸 수 있다"라며 자신의 믿음에 강한 자신감을 보였다.

이렇게 순항 중이던 비야디도 지난 2010년부터 약 3년간 자동차 판매 부진에 따른 실적 악화로 순이익이 급감하는 어려움을 겪었다. 비야디 탓에 워런 버핏이 체면을 구겼다는 기사가 나왔을 정도다.

하지만 왕촨푸의 적극적인 구조조정 노력에 힘입어 부활 조짐을 보이고 있다. 《증권일보(證券日報)》는 비야디의 2013년 순이익 증가율이 600퍼센트에 이른다고 보도했으며, 같은 해 말 비야디 주가는 사상 최고를 기록하여 왕촨푸는 A증시 최고 주식 부자에 올랐다. 또한 2013년 12월 베이징에서 출시한 비야디의 친환경 자동차 '친(秦)'이 정부의 적극적인 지원 정책에 힘입어 2014년 1월 기준, 중국 내 신에너지 자동차 부문에서 판매 1위를 기록했다.

해보지도 않고 실패를 걱정하면
어떻게 발전하겠습니까?

다른 사람이 생각하는 것을 나는 실행하고, 다른 사람이 생각하지 못하는 것을 나는 감히 생각하려 한다.

창업 이래 부침도 있었지만 실패를 두려워하지 않는 과감한 도전으로 무(無)에서 유(有)라는 기적을 이룬 그의 경이적인 행보가 어디까지 이어질지 궁금하다.

비야디는?

1995년 설립되었으며 배터리, 자동차, 신에너지를 주요 사업으로 하는 중국 민영 기업이다. 본사는 광둥성 선전시에 있다. 충전지, 리튬전지 등 배터리 분야에서 세계적인 기술력과 경쟁력을 갖추었으며, 2003년에는 자동차 사업에도 진출했다. 2013년 매출액 528억 6,300만 위안(약 8조 6,800억 원)을 달성했으며, 순이익은 5억 5,300만 위안(약 900억 원)으로 전년 동기 대비 무려 579.63퍼센트가 증가했다. 중국 제조업의 급성장을 상징하는 기업 중 하나다.

02
미래를 만드는
경영자

: 소프트뱅크 CEO, 손정의 :

세상이 가고자 하는 곳에 한 걸음 먼저

소프트뱅크(SoftBank Corporation)의 CEO 손정의는 새로운 타입의 경영자다. 일찍부터 '디지털 정보혁명'에 뜻을 두고 대규모 제조업이 아닌 정보와 지식을 이용하여 성공한 경영인이 되었고 막대한 부를 쌓았다. 손정의가 일본 최고 부호에 등극한 2014년(《포브스》 발표), 그와 겨뤘던 경영인은 유니클로 회장 야나이 다다시(2위), 주류업체 산토리 회장 사지 노부타다(3위) 등이었다.

M&A와 투자를 주력으로 하는 그를 두고 사업다운 사업을 하지 않는다며 비난하는 목소리도 있었다. 그러나 손정의는 세상이 가고자 하는 곳에 늘 한 걸음 먼저 가 있었다. 일본 내 PC 보급에 앞장섰고

초고속 인터넷 서비스를 시작했으며 이동통신 사업에 뛰어들었다. 타고난 안목이요, 불도저 같은 실행력이라 하지 않을 수 없다. 손정의가 알리바바 상장을 계기로 3,000배에 달하는 투자 수익을 올린 것은 어쩌면 충분히 예견된 일인지도 모른다. "정보혁명으로 인간을 행복하게 한다"라는 단순명료한 기업 이념 아래 소프트뱅크를 이끄는 손정의의 인생은 항상 무모함과 도전 사이를 오가고 있다.

소프트뱅크는 1981년 소프트웨어 도매업으로 출발해 출판, 인터넷, 휴대폰 등으로 사업 영역을 넓히며, 2013년도 연 매출 6조 6,666억 엔, 영업이익 1조 850억 엔을 달성했다. 영업이익이 1조 엔을 달성한 기업은 일본에서도 NTT 그룹, 토요타 자동차 정도뿐이다.

손정의는 1957년 일본 사가 현의 판자촌에서 태어났다. 대구 출신인 할아버지는 18세에 일본으로 건너가 광부와 소작농으로 일하며 정착했다. 그리고 그 가난한 집에서 7남매의 장남으로 태어난 사람이 바로 손정의의 아버지다.

'정의(正義)'라는 이름은 늘 정의롭게 살기를 바라는 마음을 담아 그의 아버지가 지어준 이름이다. 아버지는 항상 "넌 일본에서 최고야, 반드시 위대한 인물이 될 거야"라고 말하며 아들에게 자신감을 불어넣어 주었다고 한다. 이러한 아버지의 믿음을 바탕으로 손정의는 도전을 두려워하지 않고 한번 일을 시작하면 끝까지 밀어붙이는 뚝심 있는 성격의 소유자로 성장했다.

17세에 손정의는 어학 연수를 받으러 미국에 갔다가 자유로운 분위기에 깊은 인상을 받고 미국 유학을 결심한다. 가족의 반대가 있었으나 부모를 설득해 고등학교를 중퇴하고 유학길에 오르게 된다. 이런 결정을 내리기까지는 인생의 길잡이 역할을 한 사카모토 료마(坂本龍馬)의 영향이 컸다. 28세에 더 넓은 세상을 접하기 위해 탈번(脱藩)*을 감행하고 300개의 번을 하나로 합친 료마의 일대기에서 도전 정신을 배웠던 것이다. 소프트뱅크의 로고에도 그를 동경하는 마음이 담겨 있다. **

수치화된 목표를 현실로 만드는 사람

미국에 도착한 손정의는 2학년 교과서를 3일 만에 독파하는 등의 노력 끝에 월반을 거듭하여, 세라몬테 고등학교에 편입한 지 3주 만에 고등학교 과정을 마치고 검정고시에 합격한다. 또한 2년 만에 홀리네임스 칼리지를 마치고, 1977년 캘리포니아 대학교 버클리캠퍼스(UC버클리) 3학년에 편입한다.

이때 19세의 청년 손정의는 인생 50년 계획을 세운다. 20대에 이름을 떨치고 30대에 1,000억 엔의 자금을 모으고 40대엔 일생의 승부를 걸어 50대에 사업을 완성시키고 60대에 사업을 후계자에게 물

---

* 에도 시대 일본의 무사가 소속된 번을 떠나는 행위를 말한다. 번주(주군)에 대한 배신 행위로 간주돼 본인이 중벌을 받음은 물론 가족에게까지 해가 미쳤다.
** 소프트뱅크의 로고인 두 개의 선(=)은 사카모토 료마가 이끌던 무역 결사인 해원대(海援隊)의 깃발을 모티브로 만들어졌으며, 동시에 정보 네트워크 사회를 모두가 공평하게 누릴 수 있도록 하겠다는 의미를 담고 있다.

려준다는 계획이었다. 놀라운 것은 이후 손정의의 삶이 이 계획을 거의 그대로 따랐다는 것이다.

넉넉지 않은 가정 형편에 부모로부터 매달 생활비를 받는 게 미안했던 그는 어떻게 하면 돈을 벌 수 있을지 고심했다. 공부를 병행해야 하는 상황에서 돈 버는 데 많은 시간을 할애할 수도 없었기에 그는 하루에 5분씩 투자하여 발명으로 특허를 취득하기로 마음먹는다. 그리고는 '아이디어 뱅크'라 이름 붙인 발명 노트에 무려 250개 이상의 발명 아이디어를 영어로 상세하게 기록한다. 이 아이디어 뱅크는 훗날 사업가 손정의 인생의 중요한 밑거름이 된다.

1977년 UC버클리 재학 시절 손정의는 직접 발명한 전자 번역기를 들고 일본의 전자기기 회사 샤프(Sharp)를 찾아간다. 샤프의 전(前) 부사장 사사키 다다시(佐佐木正)는 당시의 손정의를 이렇게 기억한다.

> 사람의 내부에서 발산되는 에너지는 눈으로 나오는 법이다. 나는 그의 눈에서 에너지가 넘치는 걸 느꼈다.

그 자리에서 바로 연구개발비 지원을 약속받은 손정의는 이 자금을 바탕으로 미국에 소프트웨어 개발 회사 유니슨 월드(Unison World)를 설립하며 본격적인 사업가의 길로 들어선다. 이후 학업을 마친 뒤 1981년에 일본으로 돌아온 그는 자본금 1,000만 엔으로 소프트뱅크를 설립한다. 그의 나이 24세 때 일이다. 설립 당시 2명의 종업원을 앞에 두고 "10년 뒤 500억 엔의 매출을 올리겠다"라고 호언

한 일화는 잘 알려져 있다.

이 말을 믿은 사람은 아마 거의 없었겠지만, 손정의는 19세 청년 시절에 그랬듯이 자신의 목표를 수치로 제시한 후 그에 맞는 계획을 세우고, 이를 실행에 옮겼다.

이후 PC 붐이 일면서 회사는 무서운 속도로 성장했다. PC 정보 잡지를 창간하고 세계적인 정보기술 전시회 운영사인 컴텍스 등을 인수하며 소프트뱅크는 일본에 IT를 알리는 데 큰 역할을 했다.

세 개의 성공 유전자

손정의를 설명하는 성공 유전자는 다음 세 가지다.

첫 번째는 계속해서 새로운 비즈니스 모델을 창출해내는 변신의 DNA다. 손정의는 이종(異種) 교배의 중요성을 강조한다.

> 시장, 환경 그리고 기술의 변화 속도가 빠른 상황에서 하나의 비즈니스 모델만 고집하는 기업은 망하고 말 것이다.

그는 M&A, 합작회사, 지분 투자, 직접 개발한 새로운 비즈니스 모델 등 네 가지 기업 진화의 메커니즘을 정립했다. 그리고 창업한 지 13년이 지난 1994년 주식 공모를 통해 207억 엔의 자금을 조달하면서 비즈니스 확대 방침을 전면 가동했다.

소프트뱅크는 세계적인 네트워크를 통해 일본은 물론, 미국, 중국 등으로도 투자를 확대했는데 마이크로소프트, 머독, 야후, 알리바바에 대한 투자가 좋은 예다. 2000년 알리바바의 창업주 마윈과 만나 비즈니스 모델에 대한 설명을 듣고 6분 만에 2,000만 달러(약 20억 엔)를 투자한 일화는 그의 통찰력을 잘 보여준 사례다.

손정의는 2000년대에 들어서면서 IT 버블 붕괴로 힘겨운 시간을 보내면서도 혁신적인 유망 사업에 대해 과감한 투자를 계속하면서 좋은 실적을 냈다.

손정의가 생각하는 기업의 성장은 많은 기업들이 추구하는 '자가 증식'이 아닌 '자기 진화'이다. 하나의 비즈니스 모델에 집중해 자가 증식에만 힘을 쏟는 기업은 오래갈 수 없으며, 자기 진화를 거듭하지 못하는 기업은 변화에 대응하지 못하고 위기에 취약해질 수밖에 없다는 것이다.

창업자로서 가장 중요하게 생각하는 것은 300년 성장할 수 있는 조직체 DNA를 설계하는 것이다.

이렇듯 300년 기업을 위해, 손정의는 30년 후 계열사 5,000개, 시가총액 200조 엔을 목표로 변신 DNA를 가동하고 있다.

손정의의 두 번째 성공 유전자는 죽음의 고비도 이겨낸 정신력이다. 창업하고 얼마 지나지 않은 1983년, 그는 만성간염 판정을 받았다. 치료제가 없어 생존을 장담할 수 없는, 사실상 시한부 선고였다. 결국

보통 사람이 보면
어리석거나 상식을 벗어난 것처럼
보이겠지만,
때로는 미친 사람도 있어야
세상이 발전하는 법이다.

회사의 대표직을 사임하고 병원에 입원했지만 그는 병원에 입원해 있던 3년을 죽음을 기다리며 보내지만은 않았다. 오히려 더욱 강렬하게 삶의 의지를 불태워 다가올 미래에 대비했다. 대표직에서는 물러났지만 병상에서도 회사 업무를 계속 보았으며, 일을 하지 않을 때는 독서에 집중하여 무려 4,000권이나 되는 책을 읽었다고 한다.

이때 주로 읽은 책이 역사, 과학 서적이다. 일본, 중국, 유럽의 역사서를 통해 사업가에게 필요한 전략을 배웠고, 우주, 생명체 등의 자연계에서는 사업의 힌트를 얻었다고 한다. 이렇듯 목숨을 잃을 수도 있는 상황에서 계속된 독서는 사업의 전체적인 그림을 그리는 바탕이 되었다.

다행히 손정의는 한 의사가 창안한 실험적인 치료 덕분에 병이 호전되어 경영 일선에 복귀할 수 있었다. 절박함 속에서도 끝까지 희망을 버리지 않고 미래를 꿈꾼 강인한 정신력의 승리였다.

세 번째 성공 유전자는 시대 흐름을 읽고 넘버원을 선점하는 대응력이다. 2014년 6월 소프트뱅크는 세계 최초로 사람의 감정을 읽는 퍼스널 로봇 페퍼(Pepper)를 공개했다. 사물 인터넷 시대를 예측한 발빠른 움직임이었다. 2015년 6월 일반인 대상으로 판매를 시작한 페퍼의 가격은 19만 8,000엔(약 180만 원) 정도에 불과하다. 2001년 ADSL 사업 진출 당시 타사를 압도하는 저렴한 가격과 모뎀 무료 배포로 가입자를 단숨에 끌어 모았던 것처럼, 퍼스널 로봇 시대를 선점하기 위한 전략이다.

손정의는 자신이 생각하는, 300년 동안 성장하는 기업을 위해 미래형 사업에 대한 탐색을 멈추지 않고 있다. 2014년 구글 출신의 니케시 아로라(Nikesh Arora)*를 미국 법인인 소프트뱅크 인터넷&미디어(SIMI) CEO로 영입하여 제2의 알리바바를 찾기 위해 노력하고 있으며, 2014년 10월에만 5개** 회사에 대해 투자 및 인수를 추진하면서 미래 사업 선점에 나섰다. 전자상거래 기업에서 영화 제작, 택시 배차 서비스, 동영상 서비스에 이르기까지 다양한 콘텐츠를 강화하여 정보 산업 영역을 장악하려는 것이다. 이처럼 소프트뱅크가 만들어 가고자 하는 미래는 매우 흥미롭다.

> 나는 아직 멀었다고 생각한다. 300년 기업이 되기 위해 앞으로 수백조 엔의 사업을 하려고 마음먹었다면, 운영하는 회사 규모는 수천 개, 수만 개에 달해야 할지도 모른다. 지금은 예행연습에 불과하다. 보통 사람이 보면 어리석거나 상식을 벗어난 것처럼 보이겠지만, 때로는 미친 사람도 있어야 세상이 발전하는 법이다.

어려운 환경에서도 자신의 뜻을 펼치기 위해 끊임없이 변신을 고민하고 강인한 정신력으로 고비를 이겨내며, 남보다 한 발 먼저 넘버원 자리를 선점하는 손정의.

---

* 2015년 6월 소프트뱅크 부사장 겸 COO로 임명되었으며, 실질적으로 손정의의 후계자 역할을 수행하고 있다.
** 레전더리픽처스(270억 엔 투자), 드라마피버(인수), 토코피디아(107억 엔 투자), 스냅딜(677억 엔 투자), ANI테크놀로지(227억 엔 투자).

어린 시절 이방인이라는 꼬리표와 싸워야 했던 손정의는 사업가로 대성한 후 국적을 묻는 질문에 "나의 국적은 인터넷"이라고 답했다고 한다. 그의 대답에 고개가 끄덕여진다.

손정의는 300년 존속할 기업을 꿈꾼다지만 누가 300년 후를 내다 볼 수 있을까. 그러나 그 가능성을 낙관하는 것은 손정의가 미래를 내다보는 경영자가 아니라, 미래를 만드는 경영자이기 때문이다.

소프트뱅크는?

1981년 설립된 소프트뱅크는 인터넷, 통신, 게임 등 정보통신 사업을 기반으로 사업 영역을 확장 중이며, 특히 일본 보다폰(Vodafone)에 이어 미국 스프린트(Sprint Corporation)까지 인수하며 매출액 규모 세계 3위의 휴대전화 통신사업자로 성장했다. 2013년도 연 매출이 6조 6,666억 엔이며, 영업이익은 1조 850억 엔을 달성했다.

03
무일푼에서
세계적인 부호로

: 화빈그룹 회장, 옌빈 :

국수 한 그릇이 소원이었던 소년

"바람과 서리가 몰아치고 눈과 비가 온다고 해도 길을 만들고 다리를 놓아야 한다(風霜雨雪 開路架橋)."

이 말은 중국 화빈(华彬, reignwood)그룹의 경영 철학이자 그룹 회장인 옌빈(严彬)의 좌우명이다. 화빈그룹은 음료, 스포츠, 레저 및 무역, 호텔, 물류, 골프장 등 다양한 사업을 하고 있다. 〈후룬 보고서〉에서 옌빈 회장은 2014년 기준 자산 600억 위안(약 10조 7,000억 원)으로 중국에서 여덟 번째 부호로 기록되었다. 이렇게 엄청난 자산을 가진 옌빈 회장은 어렸을 때 국수 한 그릇 먹는 것이 소원일 정도로 가난했다고 한다. 무일푼에서 세계적인 부호로 거듭난 옌빈 회장의 성공 비결은 무엇일까?

옌빈은 1954년 중국 산둥성에서 태어났다. 찢어지게 가난한 집안에서 태어났기 때문에 중학교도 겨우 마칠 수 있었다. 고구마로 배를 채우며 1년간 일해 번 돈이 고작 92위안, 우리 돈으로 약 1만 5,000원에 불과했다고 한다.

가난과 배고픔을 견디지 못한 열여덟 살 소년은 문화대혁명 시기에, 고향을 떠나 무작정 태국의 방콕으로 밀입국한다. 하지만 사정은 나아지지 않았다. 돈이 없어 피를 팔아 근근이 끼니를 이어갈 정도였다. 아무것도 가진 것 없는 옌빈이 할 수 있는 일은 막노동뿐이었다. 옌빈은 차이나타운의 건설 현장에서 일할 때 한 작업반장을 만났다.

어릴 때부터 성격도 야무지고 눈치도 빨랐던 옌빈은 부지런하기까지 해서 곧 작업반장의 신임을 얻었다. 다른 사람들이 겨우 아침 8시에 일어날 때, 옌빈은 새벽 5시부터 일어나 숙소와 화장실 청소를 하고 작업장에 나갈 준비까지 철저하게 마쳤다. 이런 옌빈을 신뢰한 작업반장은 옌빈에게 경리 업무까지 맡겼다.

먹고사는 문제가 해결되자, 옌빈은 나만의 사업을 하고 싶다는 꿈을 꾸게 되었다. 새벽부터 부지런히 일해서 번 돈을 차곡차곡 모아 밑천을 마련했지만 사업을 하기엔 자금이 턱없이 부족했다. 그는 부족한 밑천을 신뢰, 도전, 추진력으로 대신하며 난관을 헤쳐 나갔다.

홍뉴, 음료수 시장에서 대박을 터뜨리다

부지런하면서도 근면 성실한 태도를 높이 산 화교들이 옌빈을 믿고 사업자금을 제공했다. 이렇게 해서 1984년에 설립된 것이 화빈그룹이다.

누가 보든 보지 않든, 철저한 준비성과 부지런함으로 사람들로부터 신뢰라는 가치를 얻은 것, 이것이 옌빈의 첫 번째 성공 비결이다. 태국에서 그의 명망은 자자해서 태국 왕족은 물론 정재계에까지 친구들이 많다. 태국 국회의장의 경제 고문을 지냈고, 태국의 탁신 전(前) 총리는 공공연하게 옌빈 회장을 각별한 친구라고 소개할 정도이다. 챈차이 라이룽렁(Chanchai Ruayrungruang)이라는 태국 이름도 갖고 있는 옌빈 회장은 중국에서 가장 성공한 화교로 평가받는다.

옌빈의 두 번째 성공 비결은 늘 새로운 기회를 찾아 과감히 도전하는 정신이다. 화빈그룹을 세운 옌빈은 처음엔 길거리나 가정에 버려진 캔을 수집해 수출하는 소규모 국제무역을 했다. 사업이 어느 정도 궤도에 오르자 그는 새로운 사업을 물색하는데 그때 그의 눈에 들어온 것이 바로 태국의 음료수 레드불이었다.

우리나라의 박카스와 비슷한 이 기능성 음료수는 태국에서 매년 10억 개 이상이 팔릴 정도로 대히트 중인 상품이었다. 반면, 당시 중국인들은 물 대신 차를 주로 마셨고, 따라서 중국에는 아직 기능성 음료수 시장이 형성되지 않은 상황이었다. 옌빈은 이 음료수가 건강에 관심이 많은 중국인들에게도 통할 것이라고 판단했다. 그 결과, 중국 최초의 기능성 음료수인 홍뉴(紅牛)가 탄생했다.

그는 1995년 중국에서 홍뉴를 독점 판매할 수 있는 권리를 확보한 뒤 중국 시장에 진출한다. 홍뉴그룹을 설립하여 중국 광둥성 선전에 공장을 짓고 1998년에는 베이징에도 공장을 추가 건설하면서 음료수 사업에 박차를 가했다. 그 결과, 중국 기능성 음료 시장의 80퍼센트를 점유할 만큼 회사를 성장시켰다. 2013년에는 중국에서 홍뉴 하나로 연간 151억 4,300만 위안, 우리 돈으로 2조 7,000억 원의 매출을 올렸다. 세상이 어떻게 변하고 있는지 유심히 관찰하고 기회를 포착해 사업화하는 끈기와 노력이 만든 결과였다.

중국에서 가장 크고 비싼 골프장 건설

세 번째 성공 비결은 자신의 선택을 믿고 뚝심 있게 밀고 나가는 추진력이다. 홍뉴로 베이징에 진출한 직후 옌빈은 사원 교육을 위해 연수원 부지를 물색하다가 베이징 서북쪽 외곽의 창핑구에서 한 농장을 발견했다. 그러나 이 농장은 고비 사막과 가까워서 몇 개월을 제외하고는 1년 내내 황사가 심한 곳이었다. 옌빈은 나무를 심어 녹지를 조성하기로 마음먹고 이 부지를 사들여 나무를 계속 심었다. 쉽지는 않지만 포기하지도 않았다. 그러자 황폐했던 농장이 서서히 생명이 살아 숨 쉬는 녹지 천국으로 변모했다.

마침 중국에서 골프 붐이 일어나기 시작할 때였는데 옌빈은 농장이 녹지로 바뀌자 골프장을 세워보면 어떨까 구상한다. 하지만 그룹의 부동산 사업 담당 임원은 현실적으로 불가능한 일이라며 고개를 저었다.

베이징에서 잔디를 잘 기르는 것은 아이를 키우는 것보다 더 어렵다는 말이 있습니다. 나무와 잔디는 다른 얘기예요. 불가능합니다.

잔디의 뿌리는 고작해야 25센티미터 정도인데, 잔디가 뿌리를 잘 내리려면 토양에 유기질이 풍부해야 하고 햇볕을 잘 받게 주변에 나무 그림자가 없어야 한다. 그런데 이 농장의 토질은 황사 바람이 부는 메마른 땅이었고, 이미 나무가 많이 심어져 있어 잔디를 키우기가 어려워 보였다. 하지만 옌빈은 자신의 뜻을 그대로 밀어붙였다.

그래도 한번 해봐. 안 돼도 자네를 해고하지는 않겠네.

예상대로 잔디는 뿌리를 내리지 못하고 곧 죽어버렸다. 죽은 잔디를 뽑아내고 새 잔디 심기를 몇 차례, 잔디가 조금씩 살아나면서 옌빈의 눈앞에 꿈에 그리던 녹색 융단이 펼쳐졌다. 그렇게 해서 2000년 중국 최대의 골프장, '화빈장위안(华彬庄园)'이 건설되었다.

골프의 황제 잭 니콜라우스가 직접 설계한 화빈장위안의 회원권 가격은 베이징의 다른 골프장보다 최대 5배 이상 높다고 한다. 이렇게 가격이 비싼데도 불구하고 인기가 높은 것은, 부지가 무려 400만

그래도 한번 해봐.
안 돼도 자네를
해고하지는 않겠네.

제곱미터로 여의도 면적의 1.5배에 달하고 주변에 5성급 호텔과 체육관광, 레저 등 복합 테마파크를 갖춘 덕분이다. 화빈장위안의 전체 회원 중 47퍼센트는 세계 500대 기업의 관계자들이고, 43퍼센트는 중국 100대 기업들이다. 2013년에는 중국 최초로 LPGA 대회가 열리기도 했다.

모두가 불가능하다고 할 때 옌빈은 두둑한 배짱과 뚝심으로 목표를 향해 돌진하여 결국 성공을 이뤄냈다.

CCTV가 선정한 위대한 기업인

최근 옌빈 회장은 새로운 꿈을 찾고 있다. 그린 산업과 의료 분야 산업을 미래 성장 동력으로 삼아 중국은 물론 해외 파트너들과의 협력 사업을 활발히 전개하고 있다.

옌빈은 전용 비행기를 몰고 제주도의 골프장으로 와서 라운딩을 할 정도로 한국을 자주 방문하는 지한파(知韓派)이기도 하다. 방한의 가장 큰 목적은 한국과의 협력 사업을 모색하기 위해서라고 한다. 2011년 4월에는 한국의 한 병원과 공동으로 화빈장위안에 '항노화 건강검진센터'를 설립하기도 했다. 화빈장위안을 찾는 고객에게 항노화 건강 서비스를 제공하여 건강관리와 도심 휴양을 합친 신개념 의료 서비스를 도입하기 위한 목적이다. 골프장이라는 화빈그룹의 자산에 한국의 뛰어난 의료기술을 접목시켜서 융합의 시너지 효과를 기대하는 것이다.

무일푼에서 세계적인 부호로 거듭난 옌빈 회장. 그는 2012년 중국 CCTV로부터 위대한 기업인에 선정되었다. 비록 돈도 배경도 없었지만 옌빈에게는 남다른 부지런함, 기회를 포착하는 능력, 그리고 과감하게 밀고 나가는 추진력이 있었다. 앞으로 펼쳐질 그의 새로운 꿈과 도전이 어떤 모습일지 정말 궁금하지 않을 수 없다.

화빈그룹은?

1984년 태국에서 무역상사로 출발하여 항공, 기능성 음료, 스포츠, 레저, 무역, 호텔, 물류 등에 진출했다. 자산 규모는 2011년 300억 위안(약 5조 3,000억 원)에 달하며, 대표 상품 홍뉴는 2013년 기준 151억 4,300만 위안(약 2조 7,000억 원)의 매출을 올렸다.

04
용기와
무모함 사이

: 디젤 창업자, 렌조 로소 :

프리미엄 진 시장을 개척하다

청바지는 1850년경 미국 캘리포니아의 광부들이 작업복으로 입기 시작한 옷이다. 투박한 텐트용 천으로 만들어 가격이 저렴하고 내구성이 좋아서 오랫동안 입을 수 있는 것이 장점이다. 우리에게는 리바이스가 그 원조로 알려져 있다. 그런데 이러한 청바지 업계에서 기존과는 전혀 다른 접근방식으로 큰 성공을 거둔 회사가 있다.

청바지의 탄생지인 미국이 아닌 이탈리아를 기반으로, 기존의 청바지보다 2배 이상 비싼 프리미엄 진 시장을 개척한 디젤(DIESEL)이다. 1978년에 설립된 디젤은 2015년 현재 디젤, 마르니, 빅터앤롤프 등의 주요 브랜드를 보유하고 세계 80개국에 400여 개 매장을 거느린, 매출 약 17억 달러 규모의 글로벌 패션 그룹으로 성장했다.

디젤의 창업자는 렌조 로소(Renzo Rosso)다. 1955년 이탈리아 북동부의 작은 농촌 마을에서 태어난 렌조 로소는 어릴 때부터 어머니의 재봉틀로 청바지를 만들어 친구들에게 팔 정도로 패션 쪽에 남다른 재능과 관심을 보였다. 그러다 1975년에 청바지 제조 회사인 몰텍스라는 회사에 들어가 일을 하게 된다. 이때 그의 타고난 감각을 눈여겨본 몰텍스 CEO 아드리아노 골드슈미드(Adriano Goldschmied)와 1978년에 디젤이라는 브랜드의 회사를 공동으로 설립한다.

회사 설립 후 렌조 로소는 독창적이고 자유분방한 아이디어를 본격적으로 제품 개발에 반영하기 시작한다. 그는 청바지 마니아들이 중고 청바지를 사기 위해 거금을 지불하는 것을 보고 빈티지 의상의 성공 가능성을 보았다. 새 옷을 한참 동안 두들겨서 일부러 망가뜨리고, 수작업으로 일일이 물을 빼서 오래 입은 듯 보이는 낡은 스타일의 청바지를 만들어낸 그는 이 제품을 일종의 예술 작품으로 여겨 경쟁업체보다 훨씬 비싼 가격에 내놨다.

당시 미국에서 가장 비싼 청바지가 54달러 정도였는데, 디젤 청바지 중 가장 싼 제품이 100달러였다. 낡고 해진 청바지를 100달러가 넘는 가격에 내놓다니, 판매업자들의 반응은 냉담했다. 처음 보는 이 제품을 넝마로 생각하는 사람도 있었다. 이에 렌조 로소는 만약 제품이 팔리지 않으면 모두 회수하겠다는 약속을 하고 판매처를 확보하는 등 사람들의 고정관념과 싸우기 위해 고군분투했다.

2등의 반란, 물 빠진 청바지

디젤이 미국 시장에서 통하기 시작한 것은 한 유통업자가 디젤 청바지를 자신의 부티크에서 판매하면서부터였다. 이를 계기로 젊은이들 사이에서 빈티지 데님이 큰 인기를 끌기 시작했다. 한번 분위기를 타자, 미국의 고급 유통업체들이 너나 할 것 없이 디젤 청바지를 취급하기 시작했다. 1985년 280만 달러였던 디젤의 매출은 단 2년 만에 10배나 치솟아 2,520만 달러에 이르렀다. 다소 무모하고 엉뚱해 보였던 렌조 로소의 도전이 만들어낸 성공이었다.

새 청바지를 일부러 낡아 보이게 만들고, 또 이를 비싼 가격에 시장에 내놓는 배짱을 지녔던 렌조 로소의 남다른 도전 정신은 그가 사업을 전개하는 과정 곳곳에서 나타났다. 미국에서 첫 번째 매장을 오픈하는 과정 역시 이를 잘 보여주었다. 1996년 청바지의 본고장인 미국에 매장을 열기로 결심한 로소는 뉴욕의 리바이스 매장 바로 앞을 디젤의 첫 번째 매장 입지로 정했다. 디자인에 자신이 있었기에 경쟁업체와 정면승부를 원했던 것이다.

문제는 약 1,400평방미터 규모의 매장을 모두 채울 만큼 상품이 많지 않았다는 점이다. 고민하던 로소는 빈 공간에 바(bar)와 DJ 부스를 설치하고 고객들을 초대하여 파티를 열었다. 브랜드의 독창성과 자유로움을 표현하려 한 이러한 시도는 디젤을 리바이스와 차별화된, 도전적이고 개성 넘치는 브랜드로 인식시키는 데 중요한 기여를 한다.

렌조 로소는 함께 일할 직원을 뽑을 때나 업무 파트너를 선정할 때도 열정과 모험을 중시하는 자신의 원칙을 적용했다. 대표적인 원칙이 바로 "2등을 뽑자"이다. 그는 이미 성공한 사람들은 제자리에 안주하려는 경향이 있는 반면, 성공에 목마른 사람들은 훨씬 더 단호하고 열정적이라면서, 의욕에 불타는 '넘버2'를 찾으려고 노력했다. 디자이너를 뽑을 때도, 디젤의 성공에 중요한 역할을 한 광고 대행사를 선정할 때도 열정과 재능이 있는 2등을 찾아내려고 노력했고, 또 이러한 전략을 통해 큰 성공을 거두었다.

예컨대 1991년에 처음으로 글로벌 광고 캠페인을 전개하기 위해 찾아낸 외부 파트너는 스웨덴의 작은 광고회사 파라디셋(Paradiset) DDB였다. 이 회사와 진행한 광고 캠페인 "성공적인 삶을 위한 가이드"는 이듬해인 1992년 칸 국제 광고제에서 그랑프리를 수상했다.

바보가 되어 익숙지 않은 길로 가라

이러한 렌조 로소의 성공은 열정과 모험, 다소 엉뚱한 도전이라는 몇 개의 단어로 요약될 수 있다. 그는 2010년부터 디젤의 광고 카피로 "바보가 돼라(Be Stupid)"를 채택하여 모험과 도전 정신 등 자신의 성공 비결을 회사와 제품을 홍보하는 데 활용하고 있다. 또 용기와 도전을 강조하는 자신의 철학을 반영해 2002년에는 디젤을 포함하는 모그룹의 지주회사 명을 '온리더브레이브(Only The Brave)'로 명명하는가 하면, 2011년에는 '브레이브키드(Brave Kid)'라는 아동복 브랜드를 론칭하기도 했다.

온리더브레이브그룹은 2013년 OTB그룹으로 이름을 바꿔 세계적인 패션 그룹으로서의 명성을 유지하고 있다. 이러한 성공을 기반으로 렌조 로소는 2013년 《포브스》가 발표한 세계 부자 순위에 처음으로 이름을 올리기도 했다.

청바지의 본고장 미국에서 기존 제품과는 다른 청바지로 승부를 걸고, 결국 이를 성공시킨 렌조 로소. 그의 성공을 목격한 후에는 이 성공의 비결에 대해 여러 가지 설명을 붙일 수 있겠지만, 모든 것이 불투명했던 출발점에서 보면 이 이탈리아 촌사람의 무모한 도전은 바보를 연상시키기에 충분하다.

하지만 렌조 로소를 무모하기만 한 사람으로 볼 수는 없다. 자기 자신에 대한 확고한 믿음과 열정을 기반으로 남이 하지 못하는 모험을 기꺼이 시도할 만큼 용기가 있었던 사람이라는 점 또한 주목해야 한다. 바보가 된다는 것과 관련하여 렌조 로소는 다음과 같은 이야기를 남겼다.

바보가 된다는 것은 모든 가능성을 받아들일 준비가 되어 있다는 의미이다. 실패를 받아들이고 익숙하지 않은 길을 선택하며, 이성이 아닌 열정이 이끄는 곳으로 간다는 의미이다. 안전하게 즐기면서는 혁신을 이룰 수 없지만 위험을 감수하면 혁신을 가져올 수 있다.

렌조 로소는 실패를 감수할 수 있는 용기와 도전의 중요성을 "바보가 돼라"는 짧은 슬로건을 통해 우리에게 전하고 있다. 성공을 위해 지금 우리에게 필요한 것은 고민과 사색이 아니라 용기와 행동이라고 말이다.

디젤은?

1978년 설립된 이탈리아의 고급 청바지, 의류, 액세서리 기업으로 현재는 메종 마르틴 마르지엘라, 빅터앤롤프, 마르니, 스태프 인터내셔널 등 다수의 의류 브랜드를 보유한 패션 그룹 OTB(Only The Brave)의 주력 브랜드이다. 2015년 현재 80개국에 400여 개의 전속 매장, 5,000개 판매 거점을 중심으로 매 시즌 3,000개 이상의 신제품을 선보이고 있다.

아웃 타이밍에도
전력으로 달려라!

: 세븐앤드아이홀딩스 회장, 스즈키 도시후미 :

일본 유통업계의 전설이 된 샐러리맨

전 세계에서 가장 많은 매장을 보유한 체인점이자 2014년 일본에서만 약 7억 잔의 커피를 판매한 곳은 어디일까? 많은 사람들이 맥도날드를 떠올릴지도 모르겠다. 전 세계 어디서나 볼 수 있는 맥도날드와 맥카페가 쉽게 떠오르기 때문이다. 그러나 정답은 편의점 세븐일레븐(7-ELEVEN)이다. 2008년 이미 맥도날드의 매장 수를 넘어섰고 2014년 기준 전 세계 18개국에 5만 3,516개의 매장을 갖추고 있다. 2013년 론칭한 세븐일레븐의 세븐카페에서 선보인 100엔짜리 원두커피는 2014년 약 7억 잔 판매를 돌파했다.

많은 사람이 일본 브랜드로 알고 있지만, 사실 세븐일레븐은 미국에서 시작된 브랜드였다. 미국 국적의 세븐일레븐이 일본 브랜드로 다시 태어나기까지의 과정에는 세븐앤드아이홀딩스(Seven and I Holdings)의 회장 스즈키 도시후미(鈴木敏文)의 거침없는 행보가 있다.

샐러리맨 출신으로 CEO에 올라 22년이나 재임하면서 거대 유통 업체 '세븐앤드아이홀딩스'를 출범시킨 스즈키 도시후미의 이야기는 일본 유통업계의 전설로 회자된다. 스즈키 회장의 인생 스토리는 샐러리맨들의 치열한 삶을 다룬 드라마 〈미생〉의 주인공을 떠오르게 한다. 지극히 평범한 듯하면서도, 내면에는 비범한 통찰력을 지닌 캐릭터이기 때문이다.

1932년 나가노 현에서 태어난 스즈키는 매우 내성적인 소년이었다. 초등학교 때는 수업 시간에 선생님이 일어서서 책을 읽어보라고 하면 얼굴만 빨개진 채 잘 읽지도 못했다고 한다. 고등학교 입시 때도 면접관의 질문에 제대로 답하지 못해 낙방했을 정도였다.

스즈키는 내성적인 성격을 극복하기 끊임없이 노력했다. 고등학생 때는 웅변부에 들어가고, 주오 대학에 다닐 때는 대학 자치회의 임원을 맡았다. 그리고 결국 그는 30년간 천여 명의 세븐일레븐 점포 관리자가 모이는 대규모 회의를 1,300회나 진행하면서 청중을 단숨에 끌어들이는 이야기꾼으로 변신했다.

스즈키는 어려서부터 글쓰기를 좋아해 기자가 되기를 꿈꿨다. 1956년 주오 대학 경제학부를 졸업한 후, 도쿄출판판매 홍보부 사원으로 들어간 그는 기자의 꿈을 이루기 위해 친구들과 작은 방송사를 만들어보기로 의기투합한다. 자금을 투자받기 위해 동분서주하던 그는 일

본의 식품·잡화판매 회사 이토요카도(伊藤羊華堂)의 문을 두드리게
된다. 이토요카도와의 첫 인연이 시작된 순간이었다. 당시 이토요카
도의 사장 이토 마사토시(伊藤雅俊)는 "방송사를 만들고 싶으니 투자
해달라"며 찾아온 스즈키를 보고 매우 당돌하게 여기면서도 이만한
배짱과 도전 의식이라면 함께 일해보고 싶다는 생각을 하게 된다. 이
일을 계기로 이토 사장은 스즈키에게 입사를 권유했고, 1963년 스즈
키는 이토요카도의 평사원으로 입사하게 된다.

영업직으로 출발하여 인사관리 부문 총괄 간부에 오르며 이토요카
도의 핵심 인재가 된 스즈키는 입사한 지 10년째 되던 해 이토 사장
으로부터 큰 과제를 부여받는다. 회사의 미래를 이끌 신성장동력을
찾아보라는 것이었다. 당시 이토요카도그룹은 일본 내에 종합 슈퍼마
켓 33개를 보유한 중견기업이었다. 그러나 슈퍼마켓이 점점 대형화
되면서 운영에 어려움을 느끼고 있었다. 이러한 시기에 중차대한 임
무를 맡고 미국으로 건너간 스즈키는 우연히 미국의 사우스랜드 사
가 운영하던 편의점 체인 세븐일레븐을 보게 된다.

미국 브랜드가 일본에서 다시 태어나기까지

당시 세븐일레븐은 이름 그대로 아침 7시부터 밤 11시까지 일요일
에도 쉬지 않고 영업하는 시스템으로 미국 전역에 약 4,000개의 매
장을 보유하고 있었다. 미국 전역을 횡단하는 화물차 기사 등이 밤늦

게 편의점을 이용하는 것을 본 스즈키는 일본에 아직 이런 점포가 없다는 점에 착안하여 성공 가능성을 예감하고, 이토 사장에게 세븐일레븐 체인을 들여오자고 제안했다.

그러나 내부 반대가 심했다. 대형 슈퍼마켓 중심의 유통 시장에서 소형 점포는 살아남기 힘들 것이며, 영업시간도 일본의 상황과 맞지 않는다는 것이었다. 내부 반대에도 불구하고 이토 사장은 스즈키에 대한 신임을 저버리지 않았다. 하지만 모두가 반대하는 것을 특별히 아끼는 직원의 제안이라고 해서 받아주기도 힘들었다. 고심 끝에 이토 사장은 스즈키에게 사내 벤처 형식을 제안했다. 대신, 벤처 운영 자금은 스스로 마련하라는 조건을 붙였다. 우여곡절 끝에 벤처자금 1억 엔을 마련한 스즈키는 사우스랜드와 체인 계약에 나섰다.

그러나 시작부터 순탄치 않았다. 당시 사우스랜드는 세븐일레븐의 로열티로 매출의 1퍼센트를 요구한 반면, 스즈키는 0.5퍼센트를 제시했다. 서로의 입장 차이가 너무 커서 계약은 성사되기 어려워 보였다. 고심 끝에 스즈키는 논쟁의 핵심이 로열티 비율이 아니라 수익이라는 사실에 초점을 맞췄다.

사우스랜드가 로열티 비율을 낮출 경우, 세븐일레븐재팬의 자금 확보가 용이해져 가맹점 수가 빠르게 늘어날 것이고, 이는 사우스랜드에 더 많은 수익을 가져다줄 것이라고 설득한 것이다. 결국 사우스랜드가 한 발 뒤로 물러섰고, 로열티 0.6퍼센트로 계약이 극적으로 타결되어 1973년 '세븐일레븐재팬'이란 이름의 사내 벤처가 출범한다.

다음 문제는 직원들을 뽑는 것이었다. 7시부터 11시까지, 모두가 쉬는 일요일에도 나와야 하는 시스템에 기존 유통업계 종사자들은 고개를 저었다. 결국 유통과 무관한 15명의 비전문가와 함께 1974년 일본 내 최초의 편의점 '세븐일레븐' 1호점이 영업을 개시한다. 날로 대형화되고 있는 일본 슈퍼마켓 시장에서 소형 점포를 연 것은 계란으로 바위를 치는 실험이었다. 모두가 몇 달 지나지 않아 사라질 것이라고 예상했다. 그러나 스즈키의 분석은 달랐다. 1인 가구와 고령 인구가 늘어날수록 많은 이들이 집 앞의 작은 매장을 찾게 될 것이라고 본 것이다. 그의 예상은 적중했다.

세븐일레븐은 첫 매장 설립 이후 6년 만에 매장 수 1,000개를 돌파하고, 나아가 1991년에는 도산 위기에 처한 미국 본사 사우스랜드의 지분 절반을 인수한다. 2005년에는 나머지 절반의 지분도 매입하여 세븐일레븐은 완전히 일본 회사가 된다. 그리고 세븐일레븐과 이토요카도, 그리고 또 다른 자회사 데니스를 합병하여 세븐앤드아이홀딩스를 출범시킨다.

세븐일레븐은 1974년 창사 이래 41년 연속 매출 증가라는 대기록을 달성했으며, 2014년 일본 내 매출만 4조 82억 엔으로 전년 대비 6퍼센트 성장을 기록했다. 반면, 동종업계 경쟁자들은 대부분 마이너스 성장에 멈췄다.

평사원에서 시작하여 세계 5위의 거대 유통업체 세븐앤드아이홀딩스를 출범시킨 스즈키 도시후미의 이야기는 샐러리맨들의 교과서로 통한다. 편의점이라는, 당시 일본에서 아무도 가지 않았던 길을 선점한 덕을 본 것도 사실이다. 그러나 한 가지 주목할 점은 1991년 모기업 사우스랜드를 인수할 당시 미국 본사의 상황은 매우 어려웠다는 것이다. 똑같은 이름의 편의점이었던 이 둘의 성패를 가른 것은 과연 무엇일까?

소비자가 원하면 무엇이든 서비스하라

스즈키 회장에게는 '업(業)의 개념'부터가 달랐다. 스즈키에게 있어 편의점은 단순히 물건을 파는 곳이 아니라 소비자가 원하는 모든 편의를 제공하는 플랫폼이었다. 이러한 업의 개념에 따라 그는 다양한 서비스를 도입했다. 소비자가 원하면 무엇이든 팔았고, 무엇이든 서비스했다. 그래서 세븐일레븐에는 '처음'이 많다. 집에서나 해먹는 것이지 사먹는 것이라고는 아무도 생각하지 못했던 주먹밥 형태의 삼각김밥을 처음 판매한 곳도 세븐일레븐이다. 또 공공요금을 수납할 수 있는 행정 서비스를 비롯해 택배, 잡지 신청, ATM 금융 서비스 등 기존의 슈퍼마켓에서는 볼 수 없는 서비스를 최초로 선보였다.

그는 직원들에게 "열심히 하지 말고 제대로 하라"고 강조한다. 그런 만큼 스즈키 회장과 일하는 것은 보통 까다로운 일이 아니다. 직원들이 제출한 보고서를 읽는 순간, 그의 입에서는 날카로운 질문과 예리한 지적이 쏟아져 나온다.

세븐일레븐이 반조리식품을 도입할 때의 이야기다. 개발 담당자가 시식용으로 가져다준 면 요리가 매번 다른 맛을 냈다. 스즈키는 전국의 모든 세븐일레븐에서 같은 맛을 선보일 수 있도록 맛을 표준화하라고 지시했다. 그러던 어느 날, 개발 담당자가 그에게 면 요리와 함께 보고서를 내밀었다. 세로축에는 면의 강도, 가로축에는 면의 탄력을 표시하여 중화요리 전문점의 면과 비교해 어느 정도 목표에 근접했는지를 표시한 그래프였다. 그동안 시행착오를 거듭하던 개발 담당자가 스즈키가 정해준 목표를 수치화하여 달성 정도를 객관적으로 파악하고 개선하는 방법을 찾아낸 것이다.

글쓰기를 좋아했던 스즈키는 자신의 성공 경험과 경영 노하우를 여러 권의 책으로 써서 전했다. 표현은 달라도 공통되는 메시지는 "프로가 돼라"는 것이다. 그는 직장인의 세계를 미국 메이저리그에 빗대어 설명했다. 미국 메이저리그 선수들은 아웃 타이밍을 느껴도 전력으로 달린다. 세이프가 되느냐는 그 다음 문제다. 죽을힘을 다해 달리지 않는 선수는 정신력이 해이해졌다고 평가받고, 같은 일이 여러 번 반복되면 간판타자도 2군으로 떨어진다고 한다. 우리의 오늘은 어떠한가. 분명 아침에 등판했는데, 볼을 친 것 같지도, 열심히 뛴 것 같지도 않을 정도로 희미한 하루는 아니었을까. 이도 저도 아닌 이런 인생 주자들에게 스즈키는 이렇게 경고한다.

> 그런 식으로 계속 회사를 다녀도 급료나 상여금을 받는 데는 문제가 없을 것이다. 하지만 매일 똑같이 반복되는 습관이 몸에 배는 순간, 인생은 생기를 잃는다.

그는 말한다. 매일매일 진검승부를 하라고. 결국 성공은, 아니 인생은 오늘 하루를 얼마나 치열하게 사느냐에 달렸다고. 샐러리맨의 무미건조한 하루를 누구보다도 잘 알고 있는 평사원 출신 CEO 스즈키 도시후미의 안타까운 일침이다.

세븐앤드아이홀딩스는?

1974년 미국의 사우스랜드 사가 운영하던 편의점 '세븐일레븐'을 일본에 최초로 도입한 세븐일레븐재팬이 1991년 모기업 사우스랜드를 인수한 후 이토요카도, 데니스를 합병하여 출범했다. 이후 소고 백화점과 세이부 백화점을 인수하여 세계 5위 규모의 유통업체로 부상했다. 2014년 기준 전 세계 18개국에 5만 3,516개의 점포를 보유하고 있으며 매일 4,400만 명의 고객이 세븐일레븐 점포를 방문하고 있다.

06
중국인의 자존심을 살린
세 개의 일류

: 싼이중공업 회장, 량원건 :

6년 만에 20배 성장, 초고속 성장의 신화를 쓰다

최근 수년간 중국 기업들의 상승세가 무섭게 이어지고 있다. 기업 규모로 순위를 매기는 《포천》 글로벌 500대 기업' 안에 드는 중국 기업의 수가 2005년 16개에서 2014년에는 95개로 급증한 것만 봐도 알 수 있다.

이렇게 많은 중국 기업이 부상하면서 큰 부를 축적한 경영자들의 수도 크게 늘어나고 있다. 그중에서도 단연 눈에 띄는 인물은 2011년 《포브스》가 선정한 중국 내 최고 부호이자, 2012년에도 6위에 오른 싼이중공업(三一重工業)의 량원건(梁穩根) 회장이다. 2013년 이후에는 중국의 부동산 경기가 위축되면서 자산 순위가 10위권 밖으로 밀려

났지만, 량원건의 성공 스토리는 기존 경영자들은 물론 경영자를 꿈꾸는 사람들에게 시사하는 바가 작지 않다.

량원건이 이끄는 싼이중공업은 2005년 우리 돈 약 4,500억 원에 이르던 연 매출이 2011년 약 9조 원으로, 6년 만에 20배 정도나 커진 초고속 성장 기업이다. 이러한 초고속 성장의 비결로 자주 언급되는 것이 급속도로 진행된 중국의 산업화, 도시화다. 그 결과 크게 확대된 건설 관련 중장비 시장을 싼이중공업이 석권하면서 급성장하게 됐다는 것이다.

하지만 이러한 환경적 요인이 량원건과 싼이중공업의 성공을 온전히 설명한다고 보기는 어렵다. 비슷한 시기에 생겨난 수많은 경쟁 기업들을 제치고, 또 이미 강력한 역량을 갖추고 있던 글로벌 기업들과 상대해서 이룬 성공이기 때문이다.

일류 기업, 일류 인재, 일류 공헌이 꿈

량원건은 도전하는 자세를 갖춘 행동가다. 1956년 중국 후난성의 시골 마을에서 태어난 량원건은 1983년 중난 대학을 졸업하고 국영 기업에 입사하여 안정적인 직장 생활을 하던 중 친구 세 명과 함께 사업을 시작했다.

처음부터 승승장구했던 것은 아니다. 첫 사업으로 양 사육업을 시작했으나 손해만 보고 접었고 이어서 도전한 양조업과 유리섬유 사업에서도 실패를 맛보았다. 그러나 그는 도전을 멈추지 않았다. 1989년에 용접재료 공장을 시작하는데 이 공장이 바로 싼이중공업의 모태다.

용접재료 공장에서 실패를 거듭한 끝에 금속 접착제를 만드는 데 성공했지만 이번에는 품질 미달로 위기를 맞는다. 이때 그는 모교 은사를 찾아가 조언을 구하는 등 품질 향상을 위해 노력했고 드디어 납품에 성공하게 된다. 창업에 나선 후 처음으로 거둔 성공이었다.

1993년에 와서 회사 이름을 일류 기업, 일류 인재, 일류 공헌이라는 '세 개의 일류'를 뜻하는 '싼이(三一)'로 정하고, 굴착기, 레미콘 등 건설 중장비 기계를 본격적으로 생산한다. 당시 중장비 기계 분야는 일본의 고마쓰, 히타치, 미국의 캐터필러 등 외국 기업들의 각축장이었다. 이 분야에 뒤늦게 뛰어든 싼이는 중장비 기계 시장을 자국산으로 대체하면서 성공을 거둔다. 싼이중공업이 중국인들의 자존심을 살려준 기업이라는 평가를 받는 이유다.

주목할 만한 것은 싼이중공업이 중국이라는 거대 내수 시장을 갖고 있었음에도 일찍부터 해외 시장으로 눈을 돌렸다는 점이다. 현재 130개국에 진출해 있는 싼이중공업의 이러한 전략은 량원건의 큰 그릇과 배짱에 기반했다고 볼 수 있다.

확실하게 보상하고 쉼 없이 공부하는 리더

또한 돋보이는 것은 량원건의 리더십 스타일이다. 2013년 1월 그에 관한 전기를 출간한 싼이중공업 간부 출신 허전린(何眞臨)에 의하면 싼이중공업은 량원건 혼자 고군분투하는 기업이 아니라 여러 사람이 함께 싸우는 기업이라고 한다. 즉, 독불장군형 리더가 주도한다기보다는 적절한 권한 위임과 역할 분담이 이루어지고 있다는 것이다.

현재 싼이중공업의 핵심 경영진은 양 사육업을 시작할 때부터 뭉쳤던 탕슈궈(唐修國), 마오중우(毛中吾), 위안진화(袁金華) 등 3명과, 나중에 합류했지만 중요한 역할을 수행하고 있는 샹원보(向文波), 이샤오강(易小剛) 등으로 구성돼 있다.

재미있는 것은 2011년 중국 〈후룬 보고서〉가 선정한 중국의 100대 부호에 량원건뿐만 아니라, 총 7명의 경영진이 이름을 올렸다는 것이다. 그만큼 부가 고르게 배분되고 있다는 뜻이다.

이렇듯 인재를 중시하고, 보상을 확실하게 하는 량원건의 리더십 때문인지, 량원건의 중난 대학 졸업 동기 31명 중 절반 이상이 싼이에서 같이 일했고, 현재 남아 있는 인원도 11명이나 된다고 한다. 이런 량원건의 스타일은 싼이중공업으로 성공한 후 처음 취직했던 직장의 옛 공장장, 고등학교 선생님 등을 찾아가 인사를 하고 잔치를 베풀었다는 몇몇 일화에서도 미루어 짐작할 수 있다. 현재 싼이중공업의 본관 빌딩에는 "심존감격(心存感激)," 즉 "감사하는 마음을 가져라"라는 슬로건이 크게 걸려 있다고 한다.

량원건 회장은 성공한 다른 경영자들과 마찬가지로 학습을 중시한다. 아침형 인간으로 유명한 그는 늘 "직원들에게 가장 좋은 복지는 바로 교육이다"라고 강조한다. 마케팅의 필립 코틀러 교수 등을 비롯하여 다양한 분야의 석학을 회사로 초청해 강의를 듣기도 하고, 개인적으로 수업을 받기도 한다. 학습과 지식을 중시하는 그의 스타일은 경영에도 반영되어 중국 기업으로서는 드물게 매출의 최대 7퍼센트를 연구개발 비용에 투자하고, 현재 미국, 독일, 브라질, 인도 등에 글로벌 연구개발센터도 보유하고 있다고 한다.

　요즘과 같은 경기 침체기에 특히 눈여겨봐야 할 부분은 역시 량원건 회장의 도전 정신과 실행력이 아닐까 싶다. 2008년 싼이중공업이 매출 목표로 1,000억 위안을 제시하자 한참 매출이 성장 궤도에 오르던 때였음에도 그 실행 가능성을 두고 회사 내부에서 꽤 논란이 일었다고 한다. 이 상황에서 량 회장은 다음과 같은 말로 임직원을 독려했다.

　　"할 수 있다"와 "할 수 없다"는 모두 옳은 판단일 수 있지만, 그에 따른 결과는 전혀 다르다. 할 수 있다고 생각하면 그것을 이루려고 노력할 것이고, 할 수 없다고 생각하면 아무것도 하지 않고 그냥 포기하고 말 것이다.

　허전린 역시 다음과 같이 말한다.

　　량원건은 베이징 대학, 칭화 대학이 아닌 중난 대학을 졸업했고, 대학 시절에도 공부를 잘하는 모범생은 아니었다. 그런 그가 어떻게 오늘날 중국 최고의 갑부이자 가장 위대한 기업가 중 한 명이 되었을까? 그의 성공은 성격에서 비롯되었다. 핏속에 흐르는 뚝심과 강인한 의지, 한 번 마음먹으면 어떤 어려움과 시련이 닥쳐도 절대 포기하지 않는 불굴의 정신. 이런 성격이 가장 큰 성공 요인이었다.

30년이 안 되는 짧은 기간에 자신이 설립한 기업을 글로벌 기업 반열에 올려놓은 량원건 회장에 대한 평가는 다음 한 줄로 요약된다.

사람을 중시하고, 도전을 피하지 않으며, 공부하고 행동하는 경영자.

싼이중공업은?

1994년 중국에서 설립된 건설 중장비 기업이다. 굴삭기, 콘크리트 펌프 등 25개 카테고리 120여 종의 제품을 제조·판매하며, 2014년 기준 전 세계에 30개의 자회사를 두고 110개국에 수출하는 세계 5위권의 건설 중장비 기업이다.

3
부

경영은
회생이다

01
'미스터 월스트리트'라 불렸던 작은 거인

: 골드만삭스 전(前) CEO, 시드니 와인버그 :

전설로 남은 골드만삭스의 구세주

150년 전통의 골드만삭스(Goldman Sachs). 지금은 글로벌 투자은행의 대명사가 되었지만, 골드만삭스도 1929년 미국 대공황 당시 역사 속으로 사라질 뻔한 적이 있다. 당시 풍전등화의 위기에서 골드만삭스를 구한 사람이 바로 시드니 와인버그(Sidney J. Weinberg)다.

우리 회사에는 천재가 세 사람 있었다. 헨리 골드만이 있었고, 그 다음에는 워딜 캐칭스가 있었다. 세 번째가 시드니 와인버그인데, 이중에 역경을 이겨내고 끝까지 함께한 사람은 시드니 와인버그뿐이다.

골드만삭스의 창업자 마커스 골드만(Marcus Goldman)의 외손자이 자 1910년부터 1959년까지 파트너를 지낸 월터 삭스(Walter Sachs)의 말처럼, 시드니 와인버그는 1930년부터 1969년 세상을 떠날 때까지 무려 39년간 CEO로 재직하며 골드만삭스를 역경에서 일으켜 세웠다. 미스터 월스트리트*라 불렸던 163센티미터의 작은 거인 시드니 와인버그에 대해 알아본다.

1869년 독일계 유대인 마커스 골드만에 의해 가족 기업으로 설립된 골드만삭스는 1906년 시어즈로벅(Sears, Roebuck and Company)의 IPO(기업공개)를 성공적으로 수행하면서 투자은행으로 급성장한다. 주류 도매상의 11남매 중 한 명으로 태어난 와인버그가 골드만삭스에서 일하기 시작한 것도 이맘때였다.

1907년, 뉴욕 맨해튼의 한 마천루 꼭대기 층부터 한 층 한 층 내려오며 일자리를 구하는 소년이 있었다. 겨우 8학년을 마치고 학교를 뛰쳐나온 16세의 이 소년은 3층에 위치한 골드만삭스 사무실에 이르러서야, 비로소 일자리를 얻을 수 있었다. 비록 주급 3달러짜리 '심부름꾼의 심부름꾼' 일이었지만 그에겐 더없이 소중한 일자리였다.

60여 년간의 골드만삭스 근무 기간 중 39년을 CEO로 재직했던 시드니 와인버그의 시작은 이렇게나 초라했다. 임원들 모자의 먼지나 신발의 진흙을 터는 허드렛일이 대부분이었지만 이때 그의 성실함과 영리함을 눈여겨본 사람이 있었다. 바로 창업자의 손자 폴 삭스(Paul

* 1969년 시드니 와인버그가 세상을 떴을 때 《뉴욕타임스》가 붙여준 별명.

Sachs)였다. 폴 삭스는 와인버그를 우편물 관리 담당으로 승진시키고, 대학 진학까지 지원해줬다.

제1차 세계대전 참전 후 증권 트레이더로서 금융맨의 길을 본격적으로 걷기 시작한 와인버그는 1927년 골드만삭스의 파트너로 승진한 데 이어, 1930년 마침내 CEO에 등극했다. 그런데 사실 1930년은 골드만삭스가 그 어느 때보다 어려움을 겪던 시기였다.

세계대전 특수로 미국 경제가 크게 성장하면서 주식시장 역시 폭발적인 상승세를 이어갔는데, 이러한 분위기에서 당시 골드만삭스의 파트너였던 워딜 캐칭스는 모든 일을 오만하고 독단적으로 처리했다. 1928년 12월 골드만삭스트레이딩컴퍼니(GSTC)라는 투자신탁회사를 설립해 막대한 투자자금 확보에 나선 것도 그러한 예 중 하나다. 설립 직후의 시황은 그야말로 장밋빛이었다. 1929년 2월 2일 136.50달러였던 GSTC의 주가는 닷새 후 222.50달러로 급등했고, 얼마 안 가 326달러까지 치솟았다.

하지만 상황은 오래가지 못했다. 1929년 10월 미국의 주가 대폭락으로 GSTC의 주가도 1.75달러까지 폭락하여 막대한 자금이 증발했고 골드만삭스의 명성은 땅에 떨어졌다. 바로 이 시기, GSTC가 초래한 폐허 위에서 골드만삭스를 다시 일으켜 세운 사람이 고등학교를 중퇴하고 잡역부 보조로 입사한 시드니 와인버그였다.

캐칭스가 회사를 떠난 뒤, 와인버그는 GSTC의 잔재를 청산하는 고통스러운 작업을 묵묵히 그리고 성공적으로 수행해내며 골드만삭스를 세계 최고의 은행으로 성장시켰다. 무엇이 이를 가능하게 했을까?

남다른 책임감으로 고객사의 신뢰를 얻다

우선 그에게는 자신의 임무에 최선을 다하는 뜨거운 열정이 있었다. 와인버그는 자신이 맡은 일에 대한 책임감이 남달랐다. 다소 극성스럽게까지 보일 정도였다. 20세기 전반만 해도 골드만삭스의 규모는 그리 크지 않아서 신생 제조업체나 유통회사 등 신흥 기업의 투자 업무를 대행하는 것에 만족해야 했다. 그것마저 녹록지 않았기 때문에 일거리를 얻기 위해서는 먼저 고객사의 신뢰를 얻는 것이 중요했다.

고객과 장기적이고 밀접한 관계를 맺기 위해 와인버그가 선택한 방법은 자신이 직접 고객사의 이사가 되는 것이었다. 실제로 와인버그는 GE, 제너럴푸드, 포드, BF 굿리치 등 유수 기업의 이사회 멤버로 활동했다. 그런데 무엇보다 중요한 건 이사 자리를 지위의 상징 정도로 이용하는 대부분의 사람들과 달리, 와인버그는 해당 기업의 홍보맨을 자청하며 헌신적으로 이사직을 수행했다는 것이다.

무게만 잡는 이사의 시대는 끝났다. 공적 업무라는 책임감도 없이 자리만 차지해서는 안 된다.

이렇게 말하며 와인버그는 '일하는 이사'의 모습을 보여주었다. 지금은 너무나 당연하게 여겨지고 있지만, 1933년에 와인버그가 발표한 '이사들을 위한 10계명'은 당시로서는 파격적인 주문이었다. 매월 일정한 장소에서 회의를 개최할 것, 외부 감사 보고서를 작성할 것,

매출, 이익, 대차대조표 변경 사항을 즉각 보고할 것 등등 현대적인 이사회의 역할을 정립한 사람이 바로 와인버그다.

이사로서의 책임감은 일상생활 속에서도 그대로 이어졌는데, 와인버그는 거의 광적일 정도로 자신이 몸담은 업체의 제품만 사용했다. 제너럴푸드의 이사로 재직할 당시에는 식사를 하러 들어간 레스토랑에서 제너럴푸드의 '크래프트' 제품이 아닌 타 브랜드의 치즈를 가져다주자 웨이터에게 크래프트 치즈를 달라고 요구한 일도 있다.

이러한 와인버그의 열정에 믿음을 갖게 된 기업들은 자사의 투자 업무를 위탁하기 시작했다. 그중 대표적인 것이 포드의 기업공개 사례다. 제2차 세계대전 종전 후 포드자동차는 군수품 중심이었던 제품 포트폴리오를 개편해야 하는 과제에 직면했다. 당시 와인버그는 이사로서 새로운 경영진을 꾸리는 데 도움을 주며 포드의 회생을 이끌었는데, 이에 대한 화답으로 1956년 포드는 골드만삭스를 IPO 주관사로 선정한다. 당시 IPO 규모는 6억 6,000만 달러, 2014년 가치로 약 60억 달러에 이른다. 미국 역사상 가장 크고 중요한 IPO 중 하나로 평가되는 이 거래를 계기로 골드만삭스는 전 세계 최고의 투자은행 중 하나로 부상했다.

냉철함보다는 인간적 매력이 빛났던 리더

일에 대한 헌신 외에 시드니 와인버그를 다른 투자은행가들보다

빛나게 해준 것은 그의 인간적인 면모였다. 금융 기업의 수장으로서 수십 개 기업에서 이사로 활동한 와인버그의 경력을 보면 얼핏 '냉철한 금융가'나 '책략가'의 이미지를 떠올리기 쉽다. 그러나 특유의 위트와 여유, 솔직담백한 성격 덕분에 와인버그는 고객사뿐 아니라 직원들의 신뢰를 한 몸에 받았다. 테이블 없이 소파에 둘러앉은 임원들 사이에서, 바닥에 떨어진 서류더미를 주우며 "무슨 회사에 테이블 살 돈도 없는 거야?"라고 농담을 던져 딱딱한 분위기를 부드럽고 유연하게 풀어가는 식이었다.

살아생전 와인버그의 사무실에는 광택이 나는 타구, 그러니까 침이나 가래 따위를 뱉는 그릇 하나가 예술품들 사이에 진열되어 있었다. 그가 골드만삭스에 입사해 처음으로 맡았던 일이 바로 그 타구에 광을 내는 것이었다고 한다. 미천한 타구가 값비싼 예술 작품들과 나란히 할 수 있었듯이 아무리 작은 일일지라도 맡은 일에 최선을 다한 시드니 와인버그의 성공은 누구나 노력하면 성공을 이룰 수 있다는 아메리칸 드림의 귀감으로, 또 전 세계 금융인들의 모델로 여전히 회자되고 있다.

골드만삭스는?

미국의 투자은행 겸 증권 회사로 전 세계 50여 개 거점에서 기업, 금융기관, 정부, 부유층 등 다양한 고객들에게 투자자문 및 금융 서비스를 제공하고 있다. 2014년 인베스트먼트 뱅킹 수수료 52억 달러로 JP모건에 이어 2위를 기록했다. 골드만삭스라는 이름은 1869년 회사를 설립한 마커스 골드만과 그의 사위 사무엘 삭스로부터 따왔다.

02

쓰러져가던
테마파크의 변신

: 하우스텐보스 CEO, 사와다 히데오 :

여행과 모험을 즐기는 청년의 남다른 도전

일본 규슈 북서부에 사세보라는 도시가 있다. 인구 25만 명의 작은 도시가 유명세를 얻은 것은 한국 관광객들에게도 잘 알려진, 하우스텐보스(Huis Ten Bosch)라는 테마파크 때문이다.

하우스텐보스는 1992년, 네덜란드의 거리를 재현해 설립되었다. 면적이 잠실 야구 경기장의 110배인 152만 제곱미터에 달하며, 대리석 보도와 벽돌 건물 등으로 이 넓은 땅을 채우는 데 약 2,300억 엔의 거금이 투입되었다. 그럼에도 불구하고 2009년까지 18년간 단 한 번도 흑자를 내지 못해 시(市)의 큰 골칫거리였다.

그런데 2010년 60세의 나이로 하우스텐보스의 경영을 맡아 6개월 만에 흑자로 전환시킨 사람이 있다. 침체됐던 도시와 직원들에게 활력과 행복을 되돌려준 하우스텐보스의 새로운 CEO는 일본의 대표적인 여행사 H. I. S.의 회장 사와다 히데오(沢田秀雄)다.

1951년 오사카에서 태어난 사와다 히데오는 여행과 모험을 좋아하는 청년이었다. 고등학교를 졸업한 후에는 아르바이트를 해서 번 돈을 가지고 독일로 유학을 떠났다. 독일이 당시 급성장하는 나라였다는 것, 또 유럽의 다른 나라로 여행하기가 쉽다는 것이 그 이유였다.

독일 마인츠 대학교에 진학한 사와다 히데오는 학비와 여행 경비를 벌기 위해 일본에서 출장 온 비즈니스맨을 상대로 통역 아르바이트를 했다. 그러다가 여행할 만한 곳도 안내해달라는 요청이 늘자 여행 가이드 일을 시작했다.

사와다 히데오는 먼저 여행 코스를 개발했다. 유명 관광지가 나열된 빤한 코스 대신, 맥주가 맛있는 곳, 라인 강 전경이 멋있게 보이는 곳, 독일 전통 음악과 무용을 즐길 수 있는 곳 등 차별화된 콘셉트를 내세웠다. 이 코스들이 인기를 끌면서 사와다 히데오는 월 100만 엔에서 200만 엔이라는 적지 않은 돈을 벌게 되었다. 그리고 이 과정에서 자신은 물론 고객, 코스에 포함된 상점 주인과 호텔 매니저까지 모두가 만족을 얻을 수 있다는 사실을 깨달았다.

고객, 직원, 회사가 모두 행복한 비즈니스, 이것은 그가 평생 동안 지켜오는 비즈니스 제1원칙이다.

차별화된 서비스와 저가 항공에서 길을 찾다

유학을 마치고 일본으로 돌아왔을 때 사와다 히데오의 손에는 1,000만 엔*과 함께 50여 개국을 여행하면서 쌓은 다양한 경험이 있었다. 이를 바탕으로 사와다는 사업가의 길을 선택했고 1976년 모피를 수입해 판매하는 '수(秀)인터내셔널즈'를 설립한다. 사업을 하면서도 사람들과 여행담을 나누며 여전히 여행하기를 즐겼던 그는 일본의 워싱턴 조약** 참여로 모피 수입이 어려워지자, 유럽의 저가 항공권 판매를 중계하는 여행사 '수인터내셔널즈 투어즈'를 설립한다.

처음에는 손님이 거의 없어서 책을 읽으며 대부분의 시간을 보냈는데, 경제, 경영, 동양사상, 역사 등 다양한 분야의 책을 하루에 한두 권씩 해치우게 되었다. 사와다 히데오는 이때 얻은 지혜들이 하우스텐보스 회생을 비롯한 사업 전략 수립과 의사 결정에 큰 도움이 되었다고 회고한다.

수인터내셔널즈 투어즈는 항공권 판매 외에도 항공권 싸게 사는 법, 여행 계획 짜기, 체험 여행 설명회 등 대형 여행사에서는 얻을 수 없는 생생한 정보를 제공했는데 그의 여행 경험이 밑바탕이 됐음은 물론이다. 반년 정도 지나자 입소문을 타며 이러한 정보가 수인터내셔널즈만의 차별화된 서비스로 인정받기 시작했고 1981년 3억 엔이던 매출이 1989년 163억 엔으로 급성장했다. 1990년 회사 이름

---

* 당시 대학 졸업자의 평균 초봉이 월 10만 엔 정도였다고 한다.
** 멸종 위험이 있는 야생 동식물 종의 국제 거래에 대한 규제가 포함된 조약이다.

을 현재의 H. I. S.*로 바꾸고 1995년에는 기업공개를 단행하며 중견 기업으로 발돋움한다.

그의 풍부한 여행 경험은 또 다른 성공의 열쇠가 된다. 유학 시절 미국의 사우스웨스트항공을 눈여겨봤던 그는 일본에서도 곧 저가 항공 붐이 일어나리라는 것을 간파하고 1996년 일본 저가 항공의 원조 격인 스카이마크항공(Skymark Airlines)을 설립한다.

1998년 9월 19일 첫 비행을 시작한 스카이마크의 탑승률은 무려 80~90퍼센트에 달했다. 여기엔 그가 젊은 시절부터 고수해온 비즈니스의 제1원칙이 한몫했는데, 비행편의 인기에 따라 운임을 책정하는 '승객이 행복해지는 가격' 정책을 도입한 것이다.

고객의 니즈에 맞춘 남다른 정책으로 대형 항공사들 사이에서 당당히 입지를 굳힌 스카이마크항공의 성공에 힘입어 사와다 히데오는 일본 기업인들 사이에서도 경영 능력을 인정받게 된다.

불가능한 과제: 하우스텐보스를 살려라

2004년 회장직을 맡으며 경영 일선에서 물러났던 사와다 히데오는 2010년 뜻밖의 요청을 받게 된다. 사세보 시장으로부터 하우스텐보스의 경영을 맡아달라는 부탁을 받은 것이다. 당시 경영권자가 하우

---

* 수(일본어로 '히데'로 읽는다)인터내셔널즈의 약칭으로 'Highest International Standards(세계 최고 수준)'를 뜻하기도 한다.

스텐보스 운영을 포기하기로 결정하자 지역 경제를 살리기 위해 시장이 직접 나선 것이다.

경영의 고수인 사와다 히데오에게도 하우스텐보스는 쉽지 않은, 아니 불가능해 보이는 과제였다. 먼저 사세보는 수도권이나 관서 지방에서도 멀리 떨어져 있었고 지역 경제권도 크지 않아 손님을 모으는 데 불리했다. 시설과 설비는 노후되었고, 이를 보수할 돈도 없었다. 그렇지만 포기할 수도 없는 상황이었다. 이대로라면 하우스텐보스는 문을 닫을 것이고, 이곳에서 근무하는 수천 명의 지역 주민은 하루아침에 실업자가 될 게 뻔했기 때문이다.

사와다 히데오가 가장 먼저 한 일은 금전 문제를 해결하는 것이었다. 일단 금융기관과 교섭해 채무의 80퍼센트를 삭감받고 나머지는 규슈 지역의 5개 기업 출자로 변제했다. 또 고정 자산세에 해당하는 금액을 사세보 시로부터 10년간 재생 지원 교부금으로 받기로 했다. 첫해에 흑자를 내기만 하면 가능성은 있었다. 그리고 본격적으로 하우스텐보스만의 가치를 찾기 시작한다.

하우스텐보스의 땅은 너무 넓었고 돈은 부족했다. 그래서 '선택과 집중' 전략을 세웠다. 면적의 3분의 1은 '프리존'으로 무료 개방해 투자 부담을 줄이고 3분의 2에 투자를 집중했다.

700만 개의 전구를 이용한 일루미네이션 '빛의 왕국'은 이때 탄생했다. 수익이 없어 폐쇄했던 공간은 스산하고 을씨년스러운 분위기를 살려 '스릴러 환타지 뮤지엄'으로 재편했다. 볼거리가 늘어난 만큼 입장료도 높아졌지만 입장객은 오히려 증가했다. '프리존'은 지역의 중소기업들이 다양한 콘텐츠 사업을 펼칠 수 있도록 무료로 공개해 지역사회와의 상생도 도모했다. 영어만 사용하는 광장, 옛 무술을 가르치는 곳 등 기업들이 제공하는 다양한 콘텐츠는 하우스텐보스를 보다 다채롭게 만들어주었다.

이렇게 문제를 하나씩 해결하자 하우스텐보스에도 희망의 빛이 비치는 듯했다. 하지만 아직 결정적인 문제가 남아 있었다. 바로 자신감을 잃은 직원들이었다. 실제 사와다 히데오는 처음 하우스텐보스의 경영을 맡았을 당시, 채무나 노후된 시설보다 직원 관리가 더 어려웠다고 회고했다.

고객, 직원, 주주 모두가 행복해지는 경영

'이기는 싸움'을 해본 적이 없는 직원들은 의욕을 잃고 패배감에 젖어 있었다. 사와다 히데오가 CEO로 왔을 때의 반응도 "또 경영자가 바뀌나 보다", "누가 와도 잘 안 될 거야" 등이었다.

사와다 히데오가 처음 직원들을 대면해서 주문한 것은 고객을 만날 때는 억지로라도 즐겁게 인사하고 밝고 의욕적인 모습으로 움직이라는 것이었다. 밝고 즐거워야 할 테마파크와 어두운 표정의 직원들은 어울리지 않았기 때문이다. 또 매일 아침 조회 전 청소를 제안하고 그 자신도 동참했다. 그리고 직원들에게 "모두 함께 노력해 매출을 20퍼센트 늘리고 경비는 20퍼센트 삭감하자. 그러면 반드시 흑

고객과 종업원이, 회사와 주주가
그리고 지역이 모두 좋아지는 균형을 찾는 것,
이것이야말로 지속 가능한 기업의 모습이다.

자가 날 것이고 그때는 보너스를 지급하겠다"라고 약속했다.

처음에는 반신반의하던 직원들도 새로 시작한 여러 가지 일들이 가시적인 성과를 내자 점점 자신감을 찾기 시작했다. 고객의 수가 늘어남에 따라 일도 많아졌지만 피곤해하기보다 즐거워했다. 더 나아가 어떻게 하면 경비를 줄이고 효율을 높일 수 있을까 자발적으로 궁리하며 행동했다. 그 결과 사와다 히데오가 취임한 지 6개월 후인 2010년 9월 결산에서, 하우스텐보스는 처음으로 4억 엔의 흑자를 기록했고 이듬해에 직원들은 정말로 보너스를 받을 수 있었다.

사와다 히데오는 고객, 직원, 그리고 회사가 모두 행복해지는 방법을 찾기 위해 현장을 떠나지 않는다. 하우스텐보스 내에 있는 호텔방에서 자고, 아침에 일어나서는 청소를 한 뒤, 전기 자동차를 타고 곳곳을 둘러본다. 크리스마스 시즌에는 산타 분장을 하고 어린 손님들에게 사탕과 초콜릿을 나눠주기도 한다. 고객이나 현장과 눈높이를 맞추지 않으면 문제를 찾아내기가 어렵기 때문이다. 자신의 성공 비결을 묻는 사람들에게 그는 이렇게 이야기한다.

모두가 행복하지 않으면 비즈니스는 성립되지 않는다. 종업원만 행복해도, 고객만 행복해도, 회사가 망해서는 아무 소용 없다. 반대로 회사만 벌어도 반드시 역으로 당하게 된다. 고객과 종업원이, 회사와 주주가 그리고 지역이 모두 좋아지는 균형을 찾는 것, 이것이야말로 지속 가능한 기업의 모습이다.

모두가 불가능하다고 여겼던 기업을 회생시킨 CEO 사와다 히데오의 비결은 다름 아닌 함께 행복해지는 법을 찾아낸 것이었다.

하우스텐보스는?

하우스텐보스는 네덜란드어로 '숲속의 집'이라는 뜻으로 네덜란드 여왕 베아트릭스가 거주하던 궁전 이름이기도 하다. 네덜란드의 옛 건물, 풍차, 운하 등을 재현해놓았고, 호텔, 리조트, 전시관 등도 마련되어 있다. 2003년 파산을 선언한 바 있으나 2014년 9월 결산에서 매출 242억 엔, 순이익 52억 엔을 기록하며 회생에 성공했다. 일본의 대표 테마파크 중 하나로 자리 잡아 매년 300만 명이 찾고 있다.

03

위기의 기업을 회생시킨
마이더스의 손

: 쌤소나이트 CEO, 팀 파커 :

'국제 턴어라운드 대상' 수상한 기업 회생의 달인

100년의 역사를 지닌 세계 최대의 가방 회사 쌤소나이트(Samsonite)는 여행용 가방을 생각할 때 사람들이 가장 먼저 떠올리는 브랜드일 것이다. 1910년 미국 콜로라도에서 탄생하여 2013년 기준 매출은 약 20억 달러, 영업이익은 약 4억 달러로 각각 전년 대비 15퍼센트 이상의 성장을 기록하며 순항 중인 글로벌 기업이다.

그러나 쌤소나이트는 비교적 최근 존망이 위태로울 정도로 심각한 위기에 처한 적이 있다. 2008년 글로벌 금융위기가 발생했을 때 매출이 급감하고 영업이익이 적자로 돌아서면서 갑자기 어려운 상황에 빠진 것이다. 바로 이 시기에 쌤소나이트의 CEO로 취임하여 극적인 회생을 이끈 경영자가 있다.

금융위기가 발생한 이듬해인 2009년에 취임해서, 2010년 곧바로 영업이익을 흑자로 전환시키는 데 성공하고 2년 만인 2011년에는 15억 6,000만 달러의 매출을 기록하면서 전년 대비 약 30퍼센트, 2009년 대비 50퍼센트가 넘는 매출 증가 실적을 올린 마이더스의 손, 팀 파커(Tim Parker)가 그 주인공이다. 그는 이 성과를 인정받아 2011년 영국의 기업 회생 전문기관인 턴어라운드연구소(IFT, Institute For Turnaround)로부터 '국제 턴어라운드 대상'을 수상하기도 했다.

1955년생인 팀 파커는 원래 옥스퍼드 대학교에서 정치학과 철학 등을 공부하고 영국 재무성에서 경력을 시작했다. 하지만 자신의 적성을 찾아 다시 런던 비즈니스 스쿨에서 MBA 과정을 이수한 뒤 기업 경영에 뛰어들어 26세에 작은 기업의 경영을 맡은 이래 30년이 넘도록 경영자로서 커리어를 쌓아왔다.

쌤소나이트 경영을 맡기 전에도 1996년에 영국의 신발 회사 클락스(Clarks), 2002년에 자동차 정비업체인 퀵핏(Kwik-Fit), 그리고 2004년에 자동차 보험과 운전자 교육 등의 서비스를 제공하는 영국 자동차협회의 경영을 맡아 회생시키는 데 성공하면서 '마이더스의 손'이라는 명성을 얻었다. 이 과정에서 과감한 인력 구조조정과 공장 폐쇄 등을 단행하여 노조로부터 '어둠의 왕자'라는 달갑지 않은 별명으로 불리기도 했다.

인재 경영, 신뢰 경영에 집중하라

팀 파커는 자신의 다양한 경험을 토대로 터득한 경영 철학을 인터뷰나 강연 등 여러 채널을 통해 외부에 알리고 있다. 이를 통해 공통적으로 도출할 수 있는 특징 중 하나는 그가 무엇보다도 사람을 중시한다는 점이다. 팀 파커는 2012년 한 연설에서 기업 회생의 성공 여부는 80퍼센트가 바로 사람에 달렸다고 강조했다. 따라서 기존의 최고 경영진이 진정으로 최고의 인재인지를 검증하고, 또 조직원 중에서 반드시 필요한 인재를 가려내는 작업이 조직 회생의 가장 중요한 출발점이라고 역설했다.

또한 그는 자신이 직원들을 파악하는 것 못지않게, 직원들이 자신에 대해 정확히 알 필요가 있다고 지적하면서, 결국 직원들과 자신이 '서로를 아는 것'이 중요하다고 힘주어 강조했다. 그는 다른 경영자들에게 다음과 같이 조언했다.

> 직원들이 반드시 당신을 좋아할 필요는 없다. 그러나 그들이 당신에 대해서 아는 것은 매우 중요하다.

비슷한 맥락에서 팀 파커는 신뢰의 중요성도 지적했다. 사람을 믿으면 그들을 관리감독하거나 통제하는 데 드는 시간을 줄일 수 있기 때문이다. 또한 상호 간의 신뢰를 통해 자유로운 분위기가 조성되면, 역동적이고 창의적인 아이디어가 생겨난다는 점도 강조했다.

대신 사람을 뽑을 때는 조직에서 정치를 하려는 사람은 철저하게 배제했다. 이런 사람들이 소수만 존재해도 조직의 신뢰 문화를 저해할 수 있기 때문이다.

기업 회생의 토대는 진정성

팀 파커가 추구하는 경영 방식의 또 다른 특징은 분산과 권한 위임이다. 그는 비용 절감의 핵심을 '분산된, 혹은 탈집중화된 구조 만들기'로 정의한다. 쌤소나이트를 맡은 이후 그는 중앙집권체제를 해체하고 세계 각 지사에 권한을 위임하는 작업을 진행했다. 전 세계를 관할하던 영국 사무소를 폐쇄하는 등 본사 직원 수를 감축하고 최대한 몸집을 가볍게 하는 데 집중하는 한편, 많은 권한을 지역별 본부와 마케팅 현장에 맡겼다. 팀 파커는 이러한 가상 본사 시스템을 통해 관리 비용을 최소화하고, 현지에서 로컬 니즈에 즉각적으로 대응할 수 있도록 조직을 재편했다.

이와 관련해서, 팀 파커는 브랜드와 품질 관리는 엄격하게 하되, 새로운 아이디어는 위에서 아래가 아니라, 아래에서 위로 올라오게 해야 한다는 생각을 갖고 있다. 또 한국 시장에서 캐주얼 백 브랜드인 쌤소나이트 레드를 성공시킨 사례에서 볼 수 있듯이 현지의 특성을 적극적으로 반영한 디자인의 제품을 많이 출시하고 있다.

팀 파커는 기업 회생을 한마디로 '시간과의 싸움'으로 정의하고 신속한 비용 절감과 함께 새로운 분야에 대한 투자를 동시에 진행하는 전략을 취했다. 비용 절감 과정에 수반될 수밖에 없는 인력 구조조정 등의 어려운 의사 결정에 대해 그는 이렇게 말한다.

> 나는 인기 없는 사람이 되는 것을 즐기지 않는다. 그러나 나는 과업이 잘 수행되는 것을 중시한다. 이를 위해서라면 인기 없는 사람이 되는 것도 감수할 수 있다.

기업 회생의 과정에서는 누구도 원치 않는 여러 가지 불편한 상황이 초래될 수밖에 없다. 팀 파커 역시 그러한 과정을 여러 번 거치면서 '냉혈한' 소리를 듣기도 했다. 하지만 여러 조직의 회생이라는 목적을 달성하면서, 조직의 구성원들에게 새로운 희망을 불어넣는 데 성공했다.

그는 자신이 구조조정을 수행하고 회생시킨 기업에 종사하던 많은 사람들이 결국 수년이 지난 후 그것이 옳은 결정이었음을 수긍하고 인정해준 경우가 많다고 말하면서, 이러한 결과를 낳은 토대가 바로 '진정성'이라고 강변한다. 이는 특히 어려운 상황에 처한 기업의 경영자에게 필요한 덕목으로, 있는 그대로의 자신을 보여주고 목표를 향해 정직하게 다가가는 자세가 무엇보다 중요함을 의미한다 하겠다.

팀 파커의 성공 스토리는 경영자의 정직성과 이를 토대로 한 직원들과의 신뢰 관계, 그리고 올바른 목적의 달성을 위해 함께 노력하고 있다는 강한 믿음이 어려운 상황에 처한 기업을 부활시키는 원동력이 된다는 사실을 보여준다. 좀처럼 회복되지 않는 글로벌 경기 침체와 저성장에 대한 우려로 모두가 위기를 말하는 요즘, 전체 구성원이 서로를 믿고 합심하여 위기를 성공적으로 헤쳐 나가는 기업들의 모습을 많이 발견할 수 있기를 희망한다.

쌤소나이트는?

1910년 미국 콜로라도에서 설립된 세계 최대의 여행용 가방 기업이다. 성경에 등장하는 장사 삼손을 인용한 쌤소나이트라는 브랜드 명으로 견고하고 튼튼한 브랜드 이미지를 추구한다. 2013년 말 기준으로 100여 개국 4만 6,000개 판매 거점에서 제품을 판매하고 있으며, 2012년 대비 15퍼센트 증가한 20억 달러의 매출을 기록하며 빠른 성장을 지속 중이다.

기적을 만드는
억만장자

: 위프로 회장, 아짐 프렘지 :

경영의 애송이, 파산 직전의 회사를 물려받다

기적을 믿은 한 인도 젊은이가 있다. 이 젊은이는 스탠퍼드 대학교 4학년 여름방학 때 아버지가 돌아가셨다는 소식을 듣는다. 아직 한창 나이였던 아버지의 사망은 그에게 큰 충격을 주었다.

청년은 당장 비행기를 타고 고향인 뭄바이로 향했다. 비행기를 타면서도 가을 학기가 시작되는 9월에는 다시 돌아올 생각이었다. 하지만 청년은 스탠퍼드를 다시 찾지 못했다. 아버지가 숨을 거두면서 경영하던 회사의 후계자로 4형제 중 막내인 그를 지목했기 때문이다.

청년의 아버지는 직원 수 350명, 연 매출 150만 달러 정도의 작은 식용유 회사를 경영했는데 당시 회사 상황은 절망적인 수준이었다.

재정적으로 어려웠던 데다 최고경영자의 죽음까지 겹치면서 거의 파산의 위기에 처해 있었다.

그런데 50년이 채 지나지 않아, 이 회사는 직원 수 10만 명에 매출이 약 70억 달러에 이르는 거대 기업이 되었다. 파산 직전이었던 회사를 기사회생시킨 이 청년은 바로 세계적인 소프트웨어 기업 위프로(Wipro, West India Vegetable Products) 회장 아짐 프렘지(Azim Premji)다.

IT기업은커녕 식용유 회사 경영도 처음이었던 이 청년은 어떻게 세계적인 소프트웨어 기업을 만들 수 있었을까?

1966년 프렘지가 아버지의 사업을 물려받았을 때 가장 반발한 것은 주주들이었다. 그가 참석한 첫 번째 주주총회장은 경영진에 대한 성토로 아수라장이 되었다. 한 주주는 "당신 같은 애송이에게 회사를 맡길 수 없다. 회사가 망하기 전에 어서 좋은 조건으로 회사를 팔아치워라"라고 소리쳤다. 사실 그 주주의 말이 틀린 것도 아니었다. 스탠퍼드에서 전기공학을 전공한 프렘지는 경영에 대해 아는 것이 거의 없었다. 프렘지는 "마치 수영장에 떠밀린 것만 같았다"라고 당시를 회상했다.

하지만 그는 빠져 죽기를 기다리지 않았다. 대신 헤엄치는 법을 배워 살아남기로 했다. 주주들에게 모욕적인 말을 잔뜩 들었지만 프렘지는 그들의 말이 틀렸다는 것을 증명하기로 굳게 마음먹었다. "위프로를 세계적인 기업으로 만들겠다"라는 당찬 꿈을 향한 분투는 그렇게 시작됐다.

식용유 회사를 세계 굴지의 컴퓨터 회사로

우선 부족한 경영 지식을 채우기 위해, 그는 낮에는 사업을 돌보고 밤에는 기업을 운영하는 아버지의 친구들을 찾아다니며 경영에 대해 조언을 구했다. 시간이 나는 대로 경영대학원 교수에게 필요한 책을 추천받아 읽기도 했다. 이 습관은 70세에 가까운 지금까지 이어져 프렘지는 일주일에 10시간 이상 책을 읽고, 새벽에 출근해 늦게까지 일하는 CEO로 정평이 나 있다.

프렘지는 이렇게 배운 지식을 바탕으로 주먹구구식으로 운영되던 회사에 체계적인 시스템과 프로세스를 도입했다. 그 대표적인 예가 원재료 구매다. 과거에는 식용유의 원료인 땅콩을 담당자가 농장에 직접 찾아가 흥정한 후 구매했으나 프렘지는 농부들에게 샘플을 받은 후 이를 건조시켜 땅콩의 무게에 따라 가격을 산정하는 방식으로 바꾸었다. 그 결과 직원들이 농장을 일일이 둘러봐야 하는 번거로움이 사라져 인력 낭비가 최소화되고 흥정 과정에서 나타날 수 있는 잡음도 제거할 수 있었다.

이렇게 사업 방식을 혁신한 후 프렘지는 사업 분야 확대에 도전했다. 식용유 생산만으로는 위프로를 성장시키는 데 한계가 있다고 생각한 그는 비누, 미용용품, 건설 장비 등으로 사업을 다각화했다. 특히 1977년 일생일대의 중요한 결정을 내리는데, 바로 경험이 전혀 없는 컴퓨터 사업에 진출하기로 한 것이다. 당시 인도 정부는 인도에 진출한 외자 기업들이 자국 기업들과 합작하도록 강제하는 법률을 제정했다. 이에 반발한 IBM이 인도에서 철수하자 인도 컴퓨터 시장에 공백이 생겼다. 여기에서 기회를 본 프렘지는 컴퓨터 사업을 위한 TF를 구성하고 미국에서 컴퓨터 전문가를 스카우트해 벵갈루루에 컴퓨터 공장을 세웠다. 이어 1981년에는 인도에서 만든 최초의 컴퓨터인 위프로 미니를 출시하고, 이를 계기로 이후 10년간 인도 컴퓨터 생산 시장을 장악하게 된다. 사업 경험이 전무했던 전기공학도가 절박한 상황에서 몸으로 부딪치며 일궈낸 기적과도 같은 성취였다.

프렘지의 기적은 위프로만의 기적으로 끝나지 않았다. 날씨 좋은 휴양지에 불과하던 벵갈루루는 프렘지의 투자를 계기로 IT 바람이 불어닥쳐 지금은 2,000여 개의 IT기업과 마이크로소프트, IBM 등 세계적인 IT기업들의 연구소가 들어선 인도의 실리콘밸리로 자리매김했다.

프렘지 회장은 대학생들에게 성공 노하우를 전해주는 자리에서 이렇게 말했다고 한다.

꿈을 실현하고 싶다면 인내심을 가지세요. 꿈을 위해 계속 참고 노력하다 보면 기적이 만들어지기도 한답니다.

윤리 경영은 위프로의 가장 큰 자산

아짐 프렘지는 기업가 중에서도 별종으로 통한다. 인도의 대표적인

IT기업의 회장이면서도 비행기는 이코노미석을, 숙소는 게스트하우스를 이용하고 자동차는 준중형급을 타는데 이마저도 최근 바꾼 것이라고 한다. 그 전에는 1996년에 나온 포드의 소형차를 타고 다녔다.

이게 다가 아니다. 프렘지가 아들 결혼식에서 고급 접시 대신 일회용 종이 접시를 사용했다는 일화는 인도 비즈니스계에서 유명하다. 회사에서도 직원들이 퇴근한 다음 사무실 전등이 꺼졌는지 일일이 확인하고 화장실 휴지 사용량까지 점검한다. 이런 이야기를 들으면 돈만 아는 구두쇠처럼 보일 수도 있겠지만, 사실 프렘지의 행동에는 아주 깊은 뜻이 담겨 있다. 그는 항상 "돈보다는 자신이 믿는 가치를 추구하는 것이 중요하다"라고 말한다. 물질적인 성공도 중요하지만 아무리 성공했다는 평가를 받더라도 스스로 양심의 가책을 느낀다면 아무 소용이 없다는 것이다.

프렘지는 정경 유착이 심한 인도에서 정부에 뇌물이나 정치자금을 일절 제공하지 않는 사업가로 유명하다. 그가 회사를 맡았을 당시만 해도 인도 정부의 부정부패는 매우 심각한 수준이었다. 정부는 기업 활동을 강하게 규제했고 대부분의 사람들은 뇌물로 이 문제를 해결했다. 정부 관리나 고객들은 리베이트를 당연한 관행으로 여기고 공개적으로 요구하기까지 했다. 위프로에서도 식용유 원료인 땅콩을 납품하는 농부들에게 뇌물을 받는 직원들이 많았다.

이런 상황에서도 프렘지는 부패하지 않은 기업만이 경쟁력을 가질 수 있다고 확신했다. 경영진부터 솔선수범해야 한다고 생각하고 어떤 부정부패도 용납하지 않겠다는 '무관용 정책(zero tolerance policy)'을 추진하면서 이를 어긴 직원에 대해서는 해고 등의 중징계로 대응했다.

프렘지 자신도 뇌물을 요구하는 관리나 고객들과 절대 타협하지 않았다. 이렇게 오랜 기간 추진해온 프렘지의 윤리 경영은 인도 국민과 다른 기업들의 신뢰를 받아 위프로의 큰 자산이 되었다.

통 큰 기부 통해 다시 한 번 기적을 꿈꾸다

기적의 사업가 프렘지는 이제 또 다른 기적을 만들어가고 있다. 2001년 사재 5,000만 달러를 들여서 교육재단을 설립하고 초등학교의 학습법과 커리큘럼 개선을 위해 매년 500만 달러씩 기부하고 있다. 2010년 12월에는 추가로 재산의 8분의 1인 20억 달러를 기부했다. 2013년에는 또다시 자신의 회사 지분 12퍼센트에 해당하는 23억 달러(약 2조 5,000억 원)를 교육재단에 기부했다고 한다.

이렇게 거액의 재산을 초등 교육에 쏟아 붓는 이유는 인도의 빈곤을 해결할 수 있는 열쇠가 바로 교육이라고 믿기 때문이다. 인도는 전체 인구의 30퍼센트 이상이 절대빈곤층에 속할 정도로 많은 국민이 가난으로 고통받고 있다. 가난 때문에 교육을 제대로 받지 못한 사람들이 가난에서 벗어나지 못하는 악순환에 시달리고 있는 것이다.

프렘지는 이런 현실을 개선하기 위해 다시 불가능해 보이는 꿈에 도전하기로 했다. 바로 교육을 통해 빈곤의 악순환을 해결하겠다는 꿈이다. 정부도 해결하지 못한 문제를 어떻게 개인이 해결할 수 있겠느냐며 그의 도전을 무모하게 보는 사람들도 있다. 하지만 그는 이번에도 '인내'와 '가치 추구'라는 자신만의 철학으로 꿈을 향한 발걸음을 내딛고 있다.

사업을 통해서 기적을 일으켰던 프렘지가 이제 기부를 통해서도 기적을 일으키는 모습을 볼 수 있길 기대한다.

위프로는?

인도의 소프트웨어 기업이다. 1945년 설립 당시에는 식용유 회사였지만 1966년 아짐 프렘지 회장 취임 후 컴퓨터 제조, 소프트웨어 개발 등 IT기업으로 변신했다. 1977년 대만 PC 회사와 제휴하여 PC 생산을 시작했고 1990년대 세계적으로 인터넷 붐이 일어나자 하드웨어에서 소프트웨어로 사업의 축을 변화시켰다. 현재 위프로는 전 세계 기업을 대상으로 한 소프트웨어 개발 등 IT 아웃소싱 업무에서도 뛰어난 기업으로 인정받고 있다. 2014년 매출은 4,379억 루피(약 7조 6,000억 원)를 기록했다.

05
수백 명의 유대인을
구한 독일인

: 티센크루프 전(前) 명예회장, 베르톨트 바이츠 :

전 세계 언론의 애도를 받은 기업인

한 사람은 평생 동안 몇 사람의 생명을 구할 수 있을까? 아마 의사 같은 특수한 직종에 종사하지 않는 이상, 단 한 명 구하기도 쉽지 않을 것이다. 그런데 여기 혼자서 수백 명의 생명을 구한 사람이 있다. 바로 제2차 세계대전 당시 유대인을 구한 독일인 사업가 베르톨트 바이츠(Berthold Beitz)다.

바이츠가 2013년 7월 31일 향년 99세로 타계했을 때, 전 세계 언론은 그의 업적을 기리며 애도했다. 사실 그는 사람의 생명만 구한 것이 아니었다. 기업을 부활시키는 기적으로도 모두를 놀라게 했다. 독일을 대표하는 철강 회사 티센크루프(ThyssenKrupp)그룹의 전(前) 명예회장 베르톨트 바이츠의 이야기 속으로 들어가보자.

바이츠는 1913년 독일 체민에서 평범한 소시민의 아들로 태어났다. 은행원이던 아버지의 뜻에 따라 슈트랄준트의 포메란 중앙은행(Central Bank of Pomeranian)에서 견습 생활을 마친 후 스테틴 지역 지점장으로 근무한다. 에너지가 넘치고 해외 생활을 동경하던 바이츠는 1938년에 다국적 석유 기업 로얄더치셸에서 일하던 중 제2차 세계대전을 맞는다. 당시 나이 27세였던 바이츠는 군에 입대하는 대신 나치가 점령한 폴란드의 유전 지역 갈리시아의 보리슬라프에서 공장 관리자로 일한다. 나치 정부도 비록 나치당원은 아니지만 조직 관리 능력이 뛰어난 그의 근무를 허락한다.

이곳에서 바이츠는 유대인들이 처한 참혹한 현실을 목격한다. 머리에 총 맞은 아이를 품에 안고 절규하는 어머니 등 죽음의 수용소로 끌려가는 유대인들을 보며 어떻게 하면 이들을 구할 수 있을까 고민하게 된다. 생각 끝에 떠올린 묘책이 유대인들을 정유공장에 필요한 기술자로 속이는 것이었다. 또 아내와 함께 아이들은 집 안 곳곳에 숨겼다.

그러다 그만 게슈타포의 의심을 사게 된다. 다른 이의 생명을 구하려다가 자기 목숨까지 위협을 받는 상황에 처한 것이다. 다행히 고향 친구인 나치 친위대 장교가 바이츠의 행동을 눈감아주었다. 이렇게 하여 바이츠는 생명의 위험을 무릅쓰고 250명의 유대인을 구해냈다. 당시 그 지역에서 살해된 유대인이 무려 52만 5,000명이나 된다는 사실을 감안할 때 가히 생명의 기적이라 할 만한 일이다.

1973년 이스라엘 야드 바셈(Yad Vashem) 유대인 대학살 박물관은 바이츠에게 유대인이 아닌 사람에게 수여하는 최고 영예인 '열방(列邦)의 의인'이라는 호칭을 수여했다. 2015년 1월 현재 '열방의 의인'에 선정된 사람은 2만 5,685명이며, 그중 독일인은 569명이다. 바이츠의 아내 엘스 바이스(Else Beitz) 역시 이 명단에 포함되었다.

폴란드 유대인 출신 작가 마렉 알테르(Marek Halter)는 제2차 세계 대전 당시 아무런 대가를 바라지 않고 순수한 마음으로 유대인을 구했던 36명을 찾아가 그들의 이야기를 담은 다큐멘터리를 제작했다. 〈의로운 자들(Tzedek: The Righteous)〉이라는 제목의 이 다큐멘터리에는 젊은 바이츠의 기적 같은 이야기도 포함되어 있다. 작품 속에서 바이츠는 말한다.

나는 영웅이 아니라 평범한 사람이다. 사람의 생명을 구해야 한다는 생각에 유대인을 구했을 뿐이다.

또한 독일의 전(前) 총리 헬무트 슈미트(Helmut Schmidt)는 바이츠의 선행을 다음과 같이 평가했다.

바이츠가 폴란드에서 베푼 선행에 대해 침묵했던 것은 그것이 자신의 본능에 따른 행동이었기 때문이다.

나는 영웅이 아니라
평범한 사람이다.
사람의 생명을 구해야 한다는 생각에
유대인을 구했을 뿐이다.

40세에 크루프의 경영을 책임지다

바이츠는 전후 함부르크로 돌아와 취직을 하려 했으나 수많은 실업자로 인해 일자리를 찾기가 하늘의 별따기만큼이나 어려웠다. 그러던 중 나치당원이 아니면서 보험 관련 행정 업무를 담당할 사람을 구한다는 소식을 우연히 듣고 영국군 관할 지역의 보험 업무를 맡게된다. 보험 업무는 처음이었지만 그는 전문가의 도움을 받아 업무를훌륭히 수행했다. 이어서 이두나 게르마니아(Iduna-Germania)라는보험회사의 매니저로 자리를 옮기면서는 당시 일반적이지 않던 영업보너스와 같은 경쟁 시스템을 도입해서 업계 16위에 불과했던 회사를 업계 3위로 성장시켰다.

당시 그를 눈여겨본 사람이 있었다. 바로 크루프(Krupp)그룹의 알프레드 크루프(Alfried Krupp) 회장이다. 크루프그룹은 독일군의 팬저탱크, 유보트 등 각종 무기를 제작한 독일 최대의 철강업체이자 군수업체였다. 그러나 전쟁 중에 공장이 파괴되고 근로자들도 부상을 입거나 사망하면서 큰 타격을 입었다. 1945년에는 매출이 전쟁 직전에비해 50분의 1 수준인 1억 5,000만 라이히마르크로 떨어졌고 직원수도 28만 명에서 5분의 1 수준인 6만 명으로 줄어들었다. 게다가 알프레드 크루프 회장은 뉘른베르크 전범 재판에서 12년 형을 선고받아 수감되기까지 했다.

한국전쟁이 발발하면서 동서 간의 냉전이 날로 심각해지자 연합군정은 크루프 회장을 석방하고 크루프그룹을 돌려주었다. 크루프 회장은 회생 불능 상태에 이른 회사를 어떻게 일으킬 것인가 고민했다.
이때 젊고 총명한 바이츠가 그의 눈에 들어왔다.

1952년 어느 여름 저녁, 크루프와 바이츠의 첫 만남이 이루어졌다.
크루프가 형무소에서 나와 머물고 있던 형의 집에서였다. 그리고 바
이츠는 수개월 후 크루프 회장으로부터 크루프그룹을 맡아달라는 요
청을 받는다. 1953년 11월, 심사숙고 끝에 크루프 회장의 뜻을 받아
들인 바이츠는 40세의 나이에 크루프그룹의 경영자가 되었다.

바이츠는 사실 철강에 대해서는 문외한이었지만, 세상의 흐름을
읽는 감각은 탁월했다. 이미 포화 상태에 이른 내수 시장에서는 더
이상 매출을 늘릴 수 없다고 판단한 그는 해외 시장에서 돌파구를 찾
았다. 직접 세계 곳곳을 방문하여 각 나라와 상업적, 정치적으로 긴
밀한 관계를 쌓았다. 그의 뛰어난 외교술에 힘입어 크루프그룹은
1957년 소련을 비롯하여 1959년 인도, 1961년 브라질, 1976년 중국
에 진출했다. 바이츠가 글로벌 경영을 진두지휘하면서 크루프그룹은
성장을 거듭했다. 그가 은퇴할 당시인 1990년에는 1953년에 비해
매출은 7배, 이익은 무려 43배나 증가했다.

한계가 무엇인지 정확히 인식하고 그것을 극복하기 위해 직접 발
로 뛰는 노력을 기울인 바이츠의 열정은 폐허가 된 독일에서 라인 강
의 기적을 만들어냈다.

바이츠가 부르면 누구도 거절하지 못한다

또한 바이츠는 냉전 시대의 걸출한 민간 외교관으로서 제2차 세계대전 이후 대립으로 치달았던 독일-폴란드, 독일-러시아 관계 개선에도 지대한 역할을 했다. 1960년에는 서독의 콘라드 아데나워(Konrad Adenauer) 대통령의 특사로 폴란드에 파견되어 전후 독일과 폴란드 간 관계 개선에 기여했으며, 노벨 평화상을 수상한 빌리 브란트(Willy Brandt) 독일 총리의 동방정책*이 빛을 발할 수 있도록 힘을 보탰다. 1963년에는 쿠바 사태 이후 동유럽권과의 교역 문제로 고민하던 미국 케네디 대통령의 자문 역할도 했으며, 이런 국제 활동을 기반으로 1972년부터 1988년까지 IOC 위원으로도 활약했다.

바이츠는 한국과도 인연이 깊다. 1988년 서울 올림픽 당시 IOC 부위원장이었으며, 2000년에는 티센그룹이 설립한 루어문화재단 이사장으로서 독일 에센에서 한국의 국보급 문화재 전시회(1996년)를 개최한 공로로 보관문화훈장(寶冠文化勳章)을 수상하기도 했다.

1999년 크루프그룹은 티센그룹과 합병하여 티센크루프그룹으로 재탄생했다. 그런데 2008년 글로벌 금융위기가 발생하면서 다시 한번 위기를 맞는다. 그룹의 매출이 예년의 4분의 3 수준인 406억 유로로 떨어진 것이다. 회사를 살리기 위해서는 구조조정이 필요한데 노사 갈등이 심각하여 이러지도 저러지도 못하는 상황에서 은퇴한

---

* 통일 전 서독 사민당의 빌리 브란트 총리가 동유럽 공산국가와의 관계 정상화를 위해 추진한 외교정책.

CEO, 95세의 바이츠가 다시 등장한다.

바이츠는 크루프그룹의 전통인 가족적인 기업 문화에 호소한다. 한 가족인데 다투지 말고 대화로 해결하자는 것이다. 그 결과 2009년에 노사협력을 위한 '에센 선언(Essen Declaration)'을 이끌었고 구조조정도 원만히 이루어냈다. 당시 노조 측인 직장평의회 위원장 토마스 쉴렌츠(Thomas Schlenz)는 "바이츠가 부르면 어느 누구도 거절할 수 없었다"라고 말했다. 수십 년간 쌓아온 바이츠에 대한 두터운 신뢰와 존경이 잘 드러나는 말이다.

탈무드에는 이런 말이 있다.

한 사람의 생명을 구하는 것은 세상을 구하는 것과 같다.

소중한 생명을 구하고, 나아가 독일 경제의 부활과 세계 평화를 위해 기여한 기업가 바이츠가 기적처럼 행한 일들 앞에서 마음이 절로 숙연해진다.

티센크루프그룹은?

1999년 독일의 대표 철강 기업인 티센그룹과 크루프그룹이 합병하여 설립된 세계적인 철강 그룹으로 독일 루르 지방의 에센에 본사가 있다. 전 세계에 670개 지사를 두고 있으며 최대 주주는 알프레드 크루프 재단이다. 2014년 말 기준 총매출 413억 유로를 기록했으며 전 세계에 16만 명의 직원이 일하고 있다.

최악의 기업을
최고로 만든 기술

: 하이얼그룹 회장, 장루이민 :

회생 불능 꼴찌를 일으켜 세운 반전의 사나이

1985년 12월, 매서운 찬바람보다 더 서슬 퍼런 기운이 칭다오에 있는 한 공장에 불어닥쳤다. 마흔도 채 되지 않은 공장장이 직원 모두가 보는 앞에서 비장하게 외쳤다.

이것은 쓰레기입니다. 우리는 제품이 아닌 쓰레기를 만들었습니다. 우리는 소비자들에게 용서를 빌어야 합니다. 세계 일류 기업의 직원이 되길 원하십니까? 1등이 되려거든 나를 따라 망치를 드십시오.

머뭇거리는 직원들 손에 망치를 직접 쥐어준 그는 말릴 틈도 없이 힘껏 제품을 내려치기 시작했다. 강렬한 굉음 속에서 처참히 부서진 그것은 공장 직원들의 2년치 월급에 해당하는 최신식 냉장고였다. 이날 그가 부순 냉장고는 무려 76대였다.

30여 년 후, 이 기업은 전 세계 백색가전 시장에서 5년 연속 1위를 차지한 글로벌 가전 기업이 되었다. 12년 연속 중국 최고 브랜드에 선정된 하이얼의 이야기다. 그리고 무모하리만큼 단호했던 그 '망치맨'이 바로 2003년 중국 기업가들이 뽑은 '중국에서 가장 영향력 있는 기업가'이자, 2004년 《비즈니스 위크》가 '세계 경제에 영향력을 미치는 8인'의 한 사람으로 소개한 '중국의 잭 웰치', 장루이민(張瑞敏)이다.

장루이민이 보여준 경영 실적은 실로 대단하다. 불과 30여 년 전만 해도 파산 직전에 몰렸던 회사를 2014년 기준 연 매출 2,007억 위안(약 35조 8,800억 원), 세전 이익 150억 위안을 기록하는 중국 최대 가전 기업으로 만들었다(하이얼 발표). 이에 중국에서는 장루이민을 "기절한 물고기를 살려내는 경영자", "중국 경제를 선도하는 대스승" 등으로 부르며 존경을 표한다.

1949년 중국 산둥성에서 봉제공인 아버지와 노동자인 어머니의 아들로 태어난 장루이민은 말수가 적고 조용히 책 읽기를 좋아하던 소년이었다. 어릴 적 꿈은 기자가 되는 것이었지만, 고등학교 졸업 후 금속공장의 견습 노동자가 된다. 그는 낮에는 공장에서 일하고, 저녁에는 먼 곳에 있는 야간대학을 다니며 기계 제조에 대한 공부를 열심히 했다.

그 결과, 칭다오 시가 관할하는 가전 공장의 간부 직원 시험에 최우수 성적으로 합격했고 독일에서 앞선 기술을 배울 기회를 갖게 된다.

하이얼 망치 사건, 나태함과 패배 의식을 깨부수다

독일에서 어렵게 냉장고 제조 기술을 배우며 "반드시 중국에서 세계 최고의 냉장고를 만들겠다"고 결심한 장루이민은 스스로 편한 길을 포기한다. 모두가 선호하는 엘리트 코스인 임원직 대신 현장직이었던 '칭다오냉장고' 공장장에 자원한 것이다. 부임 당시 '칭다오냉장고'의 상황은 147만 위안의 적자를 기록할 정도로 형편없었다. 무엇보다도 심각했던 것은 체계와 질서가 없는 기업 문화였다.

당시 직원들의 도덕관념은 심각한 수준이었다. 일을 대충대충 하는 것은 물론이거니와, 자재를 훔치는 일도 비일비재했고, 겨울에는 회사 창문의 나무를 떼어 불을 지필 정도로 무질서했다. 심지어 화장실 가는 것이 귀찮아 공장 안에서 용변을 보는 사람도 있었다.

어찌 보면, 이것은 회사에 대한 직원들의 강력한 불만 표출인지도 몰랐다. 임금은 몇 달째 체불 중이었고, 책상엔 직원들의 사표가 쌓여만 갔다. 사정이 이렇다 보니 그가 공장장으로 부임하기 전, 이미 여러 공장장이 공장의 실체를 보고 아연실색하여 그만두는 사태가 반복됐다. 1984년 12월에 부임한 장루이민은 그해 들어 네 번째로 부임한 공장장이었다. 직원들에게도 새로운 공장장에 대한 기대나 희망이 있을 리 만무했다. 이러한 총체적 난국을 해결할 수 있는 길은 무엇보다 회사에 대해 무너진 신뢰를 다시 쌓는 것이었다.

장루이민은 경영자로서 먼저 책임 있는 모습을 보이기 위해 공장 운영보다 직원들의 월급 문제를 먼저 해결하기로 했다. 그러나 현실은 냉정했다. 은행에서 적자투성이 기업에는 대출을 해줄 수 없다고 거절한 것이다. 결국 그는 근처 마을 농민들에게 도움을 청했다. 잘 마시지도 못하는 술을 마셔가며 겨우겨우 돈을 빌려 직원들의 월급을 해결했다.

그렇게 힘겹게 임금 문제를 마무리 지은 장루이민은 이듬해부터 강력한 직원 교육에 돌입하여 직원들에게도 책임을 다하도록 요구했다. 대표적인 사건이 서두에서 언급한 하이얼의 전설, 망치 사건이다. 냉장고 400대를 일일이 검사하여 품질 불량인 76대를 직원들 앞에서 망치로 부순 사건을 통해 장루이민은 그동안 품질을 경시해왔던 직원들의 태도를 쇄신하고, 이어 제품의 결함과 책임자를 가리는 품질관리 시스템을 구축한다.

냉장고 망치 사건이 언론을 통해 알려지면서 '칭다오냉장고'에 대한 소비자들의 신뢰도도 크게 상승했다. 그 결과, 1년 만에 흑자로 전환한 칭다오냉장고는 1991년 칭다오냉동고 공장, 칭다오에어컨 공장과 합병하며 '칭다오하이얼그룹'으로 이름을 바꾸었다. 1992년에는 회사 명을 하이얼그룹으로 바꾸고 냉장고, 에어컨, 세탁기, TV 등을 생산하는 종합 가전회사가 된다.

장루이민이 쓴 책에는 장루이민의 성공 경영 13계(計)가 적혀 있다. 그중 제일 먼저 나오는 조항은 다음과 같다.

결점이 있는 상품은 곧 폐품이다.

그는 "현재 중국 기업의 가장 큰 문제는 직원 한 사람 한 사람이 자신이 생산한 제품에 대해 책임을 질 줄 모른다는 것이다"라고 말했다. 그가 그날 든 망치는 냉장고를 향한 것이 아니었다. 직원들의 무책임, 무뎌진 양심, 그리고 실패를 당연히 여기는 패배 의식을 부숴버리고 싶었던 것이다. 냉장고 76대와 함께 직원들의 나태함까지 부숴버린 그 망치는 지금도 하이얼 상설 전시관에 전시되어 있다.

고객은 항상 옳다, 고객에게 맞춰라

장루이민은 "기업의 가치는 자본이나 선진 기술이 아니라 인간에게 있다"라고 말한다. 그리고 무엇보다 기업은 고객에게 맞춰 변해야 한다는 사실을 강조했다.

1997년 10월, 장루이민이 쓰촨성으로 출장 갔을 때의 일이다. "세탁기 배관이 자주 막혀서 불편하다"라는 고객들의 항의가 빗발쳤다. 실태 조사를 해보니 농민들이 고구마를 세탁기로 씻는 바람에 고구마 껍질과 흙이 배수구를 막고 있었다. 이를 본 직원들은 농민들에게 올바른 세탁기 사용법을 가르쳐야 한다고 주장했다. 하지만 장루이민의 생각은 달랐다. 고객에게 고구마를 씻지 말라고 당부할 것이 아니라, 고구마를 씻을 수 있는 세탁기를 만들자고 제안했다. 6개월 후 하이얼은 고구마 전용 세탁기를 만들어 출시했고 초도 물량 1만 대가 하루 만에 동이 나는 대성공을 거두었다.

우리는 제품이 아닌 쓰레기를 만들었습니다.
우리는 소비자들에게 용서를 빌어야 합니다.
세계 일류 기업의 직원이 되길 원하십니까?
1등이 되려거든 나를 따라 망치를 드십시오.

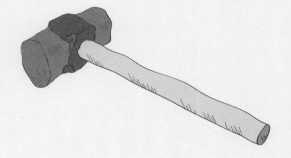

그뿐만 아니라 1.5킬로그램 용량의 초소형 세탁기인 '꼬마 신동'을 비롯해 유럽과 미국 시장을 겨냥한 와인 냉장고 등을 출시하며 하이 얼 성공 신화를 이어갔다. 고객이 진정 원하는 제품을 만들기 위해 고객의 작은 요구 하나도 놓치지 않는 장루이민은 《도덕경》을 자주 언급한다.

> 천하의 만물은 눈에 보이는 것에서 생겨나고 눈에 보이는 것은 눈에 보이지 않는 것에서 생겨난다.

기업가는 남들이 보지 못하는 제3의 안목이 필요하다고 주장하는 그는 이러한 안목을 기르기 위해 지금까지도 공부와 독서를 게을리 하지 않는다.

리더십 또한 신기술이다

장루이민의 경영 신조는 하이얼의 경영 이념 '런단허이(人單合一)'에 잘 나타난다. '런단허이(人單合一)'란 직원과 회사, 나아가 직원과 고객이 하나가 된다는 의미이다. 다시 말해, 기업의 가치는 직원 한 사람한 사람에게 달려 있다고 보는 것이다.

장루이민에게는 평생 잊지 못할 사건이 하나 있다. 하이얼 공장에 다니던 여직원 하나가 암으로 세상을 떠나며 "내 관을 옮길 때 우리 공장 앞에 잠시 멈춰서 그 안을 한 번 둘러볼 수 있게 해달라"라고 요청한 일이다. 기업의 가치를 직원의 가치와 동일시하며 혁신을 단행한 장루이민의 리더십이 어떻게 애사심을 높였는지를 단적으로 보여주는 일화다.

우리에게 회사란 무엇일까, 또 경영자에게 회사란 무엇일까. 장루이민에게 회사는 곧 사람이었다. 한 명 한 명의 책임 의식이 모여 성공을 이루고 한 명 한 명의 패배 의식이 모여 실패를 이루는 곳. 그리고 인간의 보이지 않는 마음속까지 헤아려야만 하는 곳. 그는 말한다.

CEO의 리더십 또한 신기술이다.

지난 30년간 최악의 기업을 중국 최대의 기업으로 끌어올릴 수 있었던 것은 사람의 마음을 이끌어 직원들의 나태함을 깨고 고객의 마음까지 돌린 신기술, 바로 CEO 장루이민의 리더십이었다.

하이얼그룹은?

전 세계 100여 개국에 진출, 글로벌 가전 시장에서 5년 연속 1위를 차지하며 2014년 기준 매출 2,007억 위안(약 35조 8,800억 원)을 달성한 중국 최대의 가전 기업이다. 하버드 대학교 사례 연구 대상에 정식으로 선정된 최초의 중국 기업으로 하이얼그룹의 브랜드 가치는 2013년 기준 992억 2,900만 위안으로 평가되었다.

경영은
문제 해결이다

01
낭비를 줄여 만든
싸고 멋진 옷

: 자라(인디텍스) 창업자, 아만시오 오르테가 :

화려한 패션 제국의 소박한 황제

2001년 9월 10일. 뉴욕 패션위크가 시작되던 이날, 뉴욕은 화려한 축제 분위기에 휩싸여 있었다. 세계적으로 이름 높은 뉴욕의 패션 디자이너들이 저마다 다채로운 컬러와 새로운 디자인을 선보이며 분위기를 달구었다. 본격적인 패션쇼가 펼쳐지기로 되어 있던 다음 날 아침, 전 세계인이 잊지 못할 사건이 일어났다. 9.11 테러였다.

무려 2,843명의 생명을 앗아간 잔혹한 슬픔 앞에 전 산업계도 멈춰버렸다. 런웨이를 장식할 예정이었던 화려한 옷들은 거리에서 사라졌다. 수개월 동안 S/S 시즌을 준비했던 패션계는 갑작스러운 테러에 대응할 틈이 없었다. 그런데 이 엄청난 상황에서도 추모의 마음을 함께 나누며 매출 상승 그래프를 변함없이 유지한 패션 브랜드가 있다. 패스트패션의 대표 브랜드 자라(ZARA)다.

자라는 이 뜻밖의 위기 앞에서도 흔들리지 않았다. 기존 의류 브랜드가 한 상품을 기획해서 소비자에게 선보이기까지 최소 몇 개월씩 소요하는 데 비해, 자라는 원단 가공, 의류 디자인, 생산, 유통, 판매까지 2주 내에 이뤄지는 시스템을 구축해두었던 덕분이다. 게다가 평균 2주일에 한 번씩 매장 의류의 70퍼센트를 교체해왔기에 블랙 위주의 차분한 디자인으로 매장 전체를 바꿀 수 있었다.

자라의 위기 대응 능력은 2008년 글로벌 금융위기 때도 빛을 발했다. 유럽 재정위기로 스페인의 종합주가지수가 반 토막 났을 때도, 자라를 소유한 인디텍스 그룹의 주가는 오히려 2배 이상 상승했다. 영국의 《가디언》이 "스페인의 유일한 안전자산은 인디텍스다"라고 말한 것도 바로 이 때문이다.

이처럼 그 어떤 위기에도 흔들리지 않는 패션계의 거물 자라를 만든 창업자는 스페인에서 태어난 아만시오 오르테가(Amancio Ortega)이다. 그는 지난 2014년 블룸버그가 발표한 '전 세계 억만장자 순위(Billionaires Index)'에서 4위에 이름을 올렸다.

사실 우리에게는 아만시오 오르테가라는 이름은 물론, 인디텍스라는 기업 이름도 무척 생소하다. 하지만 인디텍스가 보유한 의류 브랜드를 들으면 생각이 달라질 것이다. 자라(ZARA), 풀&베어(Pull&Bear), 마시모 두띠(Massimo Dutti), 버쉬카(Bershka), 스트라디바리우스(Stradivarius), 오이쇼(Oysho), 자라홈(Zara Home), 우테르퀘(Uterque)가 모두 인디텍스가 보유한 브랜드이다. 인디텍스는 2014년 기준 전 세계 88개국에 진출해 매출 21조 5,773억 원을 기록했다(인디텍스 자료).

스페인 최고의 부자임에도 불구하고 스페인 사람들은 오르테가의 얼굴을 잘 모른다. 길을 걸어가도 잘 알아보지 못할 정도다. 오르테가는 인디텍스가 글로벌 기업으로 성장한 1990년대 후반까지 자신의 사진을 단 한 번도 공개하지 않았다. 그가 공식적인 자리에 처음이자 마지막으로 모습을 드러낸 것은 2001년 인디텍스그룹이 상장했을 때뿐이다. 비공식적으로나마 오르테가의 모습이 포착되는 경우는, 승마 선수인 셋째 딸의 경기를 관람하거나, 그가 열렬한 팬이면서 구단주로 있는 스페인 프로축구단 경기를 볼 때뿐이다. 세계 최대 규모의 패션업체 회장임에도 넥타이를 맨 것은 결혼식 때뿐이었을 정도로 수수한 차림을 좋아하여, 알아보기가 더 쉽지 않다고 한다. 베일에 싸인 아만시오 오르테가, 과연 그는 어떤 인물일까.

제작에서 매장 도착까지 2주일, 의류 산업의 판을 바꾸다

중저가 의류를 팔아 손꼽히는 세계 부호가 된 이력처럼, 아만시오 오르테가의 시작은 소박했다. 철도 근로자였던 아버지의 직장을 따라 이리저리 옮겨 다니던 그는 14세에 학교를 그만두고, 셔츠 상점에서 사환으로 처음 일을 시작했다. 여기서 의상 제작에 대해 배운 오르테가는 이를 바탕으로 1963년 아내와 함께 '고아 콘벡시오네스

(Goa Confecciones)'라는 옷가게를 차렸다. 당시 만든 여성 퀼트 드레스가 큰 인기를 끌면서 의류기업으로 발전한다. 사업을 시작한 지 10년 만에 직원 수는 500명이 넘었고 물류시스템은 물론 외부 디자인업체와 협력관계도 구축하게 된다. 그리고 1975년 39세가 되던 해에 그동안의 사업노하우를 집결시켜 자라를 론칭한다.

오르테가는 어렸을 때부터 패션에 관심이 많았다고 한다. 그러나 유명 디자이너가 만든 옷이나 고가 브랜드에서 옷을 사기엔 주머니 사정이 넉넉지 않았기에, 자연스럽게 비싸지 않으면서도 디자인이 멋진 의류 브랜드를 갈망하게 되었다. 이러한 고민은 거대 패션 제국의 출발점이 된다.

오르테가가 자신이 꿈꾸는 브랜드를 만들기 위해 취한 전략은 간단명료했다. 시간과 비용의 낭비를 줄여 싸고도 멋진 옷을 만들어 판 것이다. 옷가게를 운영하던 시절부터 직접 원단을 구입하여 비용을 절감했고 기업 규모가 커지자 자회사를 설립하여 디자인과 제조, 유통을 자체 소화했다. 이렇게 되자 외주 업체를 오가며 버리는 시간을 줄여, 옷을 만들어 매장에 납품하기까지의 기간을 단 2주일로 단축할 수 있었다. 트렌드에 민감한 업의 특성에도 불구하고 시즌 준비에 몇 개월간 공을 들이던 패션계의 현실에서 이러한 디자인과 유통 혁신은 곧 자라의 엄청난 경쟁력이 되었다.

오르테가의 또 다른 성공 전략은 다품종 소량 생산 방식이다. 옷을 빨리 만들어 공급하는 시스템이 자리 잡자 자라는 2주일에 한 번씩 매장 의류의 70퍼센트를 교체하면서, 연간 1만 종이 넘는 신제품을 선보일 수 있었다. 이렇게 제품 회전이 빨라지면서 무엇보다도 재고 부담이 줄어들었다. 소비자의 반응을 즉각 반영하여 옷을 제작할 수도 있었다. 또 지금 사지 않으면 다음에는 살 수 없다는 점이 부각되어 구매 욕구를 자극했다. 싸고도 멋진 최신 스타일의 옷을 사기 위해 사람들은 부지런히 자라 매장을 드나들었다. 자라의 성공은 시간 문제였다.

이렇듯 트렌디한 디자인, 다품종 소량 생산을 위한 빠른 상품 회전력과 즉각 반응 시스템, 재고 최소화, 노마케팅 전략 등 인디텍스의 혁신적인 비즈니스 모델은 오르테가 스스로가 입고 싶은 옷을 만들기 위해 치열하게 고민한 결과라고 할 수 있다.

> 사람들은 흔히 패션을 특권으로 여기지만, 우리는 반대로 패션을 민주화하려고 노력한다.

패션의 민주화를 꿈꾸는 그의 신념은 일상에도 고스란히 반영되었다. 오르테가는 CEO의 특권도 과감히 내려놓았다. 대표적인 예가 그의 집무실이다. 차에서 내리는 순간부터 삼엄한 경호를 받으며 들어가는 호텔 같은 집무실은 그에게 없다. 오르테가는 자신만을 위한 별도의 사무실조차 두고 있지 않으며 현장 곳곳에 작업용 테이블을 놓고 직원들과 함께 고민하며 일하고, 격의 없이 점심을 같이 먹었다고 한다. '형식'보다는 '실속'을 중시하는 오르테가의 가치관이 일하는 방식에도 그대로 이어진 것이다.

사무실에 앉아 있으면 볼 수 없는 것들도 현장에 있었기 때문에 볼 수 있었다.

> 단춧구멍을 안으로 넣으면 더 깔끔해 보이지 않을까?
> 머플러가 얼굴에 닿았을 때 너무 거친 느낌이 들어.
> 이 소재에 메탈을 섞으면 보다 참신해 보일 것 같은데. 어때?

이렇게 오르테가는 은퇴 직전까지 단추의 위치, 마무리 박음질, 포장 상태 등에 대해 날마다 새로운 의견을 쏟아냈다고 한다. 직원들 또한 CEO의 지적에 대해 부담이나 불만을 느끼지 않았다. 이는 오르테가의 의견이 대부분 옳기도 했지만, 비판도 스스럼없이 받아들이고 실무자가 더 나은 대안을 제시하면 호탕하게 웃으며 "그래, 한번 멋지게 만들어봐"라고 칭찬과 격려를 아끼지 않았기 때문이다.

오르테가가 실무에 강했던 것처럼 인디텍스는 학벌 등을 내세우는 '스펙형 인재'보다 '실무형 인재'를 중시한다. 《포브스》 스페인판의 소니아 프랑코 프렌다스(Sonia Franco Prendas) 편집장은 이렇게 말한다.

> 직원들이 그를 존경하는 것은 그가 누구보다 일에 대해 잘 알기 때문이다. 그는 직원들이 무엇을 힘들어하는지, 또 어떻게 해야 신명나게일하는지를 꿰뚫고 있다.

직원들에게 공을 돌리고 뒤로 숨은 CEO

직원들에게는 이토록 적극적으로 다가갔던 그는 왜 그렇게 대중들에게 자신을 숨기려 했던 걸까? 평소 오르테가는 주변 사람들에게 "나는 그저 평범한 사람이며 이대로 계속 중산층의 사고방식을 따르며 살고 싶다"고 말했다고 한다. 언론의 지나친 관심이나 가십에 오르내리는 것에 부담을 느꼈을 수도 있다. 그런데 그가 그토록 은둔형 CEO를 자처한 이유는 사실 따로 있었다.

> 모두의 노력과 헌신이 있었기에 성공할 수 있었고, 나도 그중 한 사람일 뿐이다.

자라와 인디텍스그룹의 엄청난 성공이 혼자만의 특별한 노력의 결과로 비치는 것을 매우 경계했기 때문이다. 이러한 그의 모습에 프랑스 일간지 《르 피가로》는 "오르테가가 구설수에 휘말리지 않고 사업을 키우는 데만 집중한 것이 인디텍스 성장의 밑거름이 됐다"라고 분석했다.

2011년 7월, 75세의 나이로 오르테가는 일선에서 물러났다. 화려한 퇴임식도, 멋들어진 퇴임사도 없었다. 그저 짧은 메모 한 장으로 퇴임사를 대신한 그는 떠나는 뒷모습마저도 소박했다.

한때 의류 산업은 사양산업이라 여겨졌다. 실제로 새롭게 할 구석은 하나도 없어 보였다. 그러나 '비용 절감'이라는 가장 상식적인 솔루션으로 의류 산업의 전 과정을 혁신하여 새로운 비즈니스 모델을 창조한 오르테가의 이야기는 오래된 산업에도 여전히 미답의 영역이 있음을 깨우쳐준다.

인디텍스는?

스페인 갈리시아 지방에 본사를 둔 의류업체이다. 1975년 대표 브랜드 자라(ZARA)를 론칭했으며, 이후 7개 패션 브랜드를 더하여 글로벌 패션 기업으로 성장했다. 2014년 기준 전 세계 88개국에 진출해 약 6,683개의 매장을 갖고 있으며, 매출 21조 5,773억 원을 기록했다.

02
계산 없는
경영이 이룬 성공

: 파타고니아 창업자, 이본 취나드 :

산이 좋아 등산 장비를 만들기 시작한 청년

산을 무척 좋아하는 청년이 있었다. 난독증이 있어 학교에 적응하지 못하고 어려서부터 혼자 산으로 들로 놀러 다니던 이 청년은 16세에 처음으로 암벽 등반을 배운다. 그 후로 이 청년의 소원은 실컷 산을 타는 것뿐이었다.

고등학교를 겨우 졸업한 뒤에는 아르바이트해서 번 돈을 여행 다니고 산을 타는 데 다 쓰곤 했다. 돈이 충분치 않아 목이 마르면 개울물을 마시고 배가 고프면 고양이 사료를 먹을 정도였다고 하니 비싼 등산 장비를 사는 대신 만들어서 쓰겠다고 생각한 건 어찌 보면 당연한 일이었는지도 모른다.

청년은 암벽 등반에 쓸 장비를 만드는 대장장이 일을 시작하는데 그가 바로 세계적인 아웃도어업체 파타고니아(Patagonia)의 설립자 이본 취나드(Yvon Chouinard)다.

파타고니아의 시작은 매우 소박했다. 1957년 문을 연 이 회사의 장비는 고물상에서 산 중고 화덕과 연장 몇 개가 전부였고, 직원은 취나드 혼자였다. 취나드는 이 화덕과 연장을 차에 싣고 다니며 암벽을 타다가 장비를 필요로 하는 동료가 있으면 만들어 팔곤 했다. 하지만 동료들에게 파는 것이기에 이익은 거의 남기지 않았다.

이 회사가 본격적으로 성장하기 시작한 것은 1964년 몇몇 등반 동료들을 모아 본격적으로 장비를 제작하면서부터였다. 그때까지도 취나드와 동료들은 돈을 벌기보다는 산을 타는 데 목적이 있었기 때문에 취나드와 세운 '취나드 등산장비 회사(Chouinard Equipment)' 카탈로그에는 등산철인 5월부터 11월 사이에는 신속한 납품을 기대하지 말라는 문구가 적혀 있었다. 이러한 태도는 등산복으로 사업 영역을 확장하고 사명을 '파타고니아'로 변경한 다음에도 바뀌지 않았다. 걸핏하면 장비나 의복을 실험한다는 핑계로 사업은 동료들에게 맡기고 모험을 즐기러 떠나기 일쑤였다.

이렇게 사업보다는 산을 더 좋아했던 청년이 어떻게 세계적인 아웃도어 회사를 만들 수 있었을까?

등산복은 옷이 아니라 생명을 살리는 장비

등반 장비는 사람의 생명과 직결되는 제품이다. 그 때문에 무엇보다 품질이 중요하다. 쉬나드와 동료들은 제품의 제작자인 동시에 고객이었기에 "이 장비에 내 목숨이 달려 있다"는 생각으로 제작에 임했다. 이런 정신은 제품 영역을 등산복으로 확대했을 때도 이어졌다.

쉬나드는 등산복이 '옷'이 아니라 '입는 장비'라고 말한다. 고산지대에서 체온 유지는 생명과 직결된 문제이고 그 역할을 담당하는 것이 바로 등산복이기 때문이다. 사실 1960년대만 하더라도 등산복의 개념이 따로 있었던 것은 아니다. 등반가들은 청바지를 잘라서 만든 반바지 위에 흰색 티셔츠를 한 벌 입고 산을 오르곤 했다. 그로 인해 로프에 목을 긁히거나, 다리에 상처를 입은 일도 다반사였다.

1970년, 스코틀랜드로 겨울 등반을 갔던 쉬나드는 럭비 유니폼에서 등산복 아이디어를 떠올린다. 럭비처럼 격렬한 운동을 견딜 정도로 튼튼하게 만들어진 데다가 옷깃이 있어 산에 오를 때 입으면 상처를 예방할 수 있을 거라고 생각한 것이다. 예상은 적중했고, 이를 계기로 쉬나드는 본격적으로 등산복 개발에 들어간다.

파타고니아의 등산복은 기능이나 안정성 면에서 등반가들로부터 높은 평가를 받는다. 쉬나드가 평생 등반을 하며 직접 체험한 경험이 녹아 있기 때문이다. 처음엔 좀더 튼튼하게 만들거나, 등반 장비를 편히 보관할 수 있는 디자인을 개발하는 수준이었다. 하지만 고산지대 등반에 나섰던 동료들이 혹한 때문에 목숨을 잃는 것을 본 후에는 무엇보다 기능적인 면에 집중했다.

1976년 업계 최초로 기존의 모직보다 훨씬 가볍고 보온성이 뛰어난 폴리에스터 등산복을 출시한 데 이어, 1980년에는 가벼우면서도 물기를 머금지 않는 신소재로 등산용 내복을 출시했다. 아무리 따뜻한 등산복을 입어도 안에 입은 면내의가 땀을 머금은 채 얼어붙으면 등반가들의 목숨을 위협할 수도 있었기 때문이다.

이렇듯, 이익을 얻기 위해서가 아니라 세상에 정말 필요한 것을 만들기 위해 노력을 기울인 끝에 그는 수많은 등반가들의 생명을 구하는 등산복을 탄생시켰다. 그리고 이러한 철학이 담긴 제품들은 파타고니아를 고객들에게 '사랑받는 기업'으로 만들었다. *

피타고니아의 직원들은 근무 중 좋은 파도가 오면 언제든 파도타기를 하러 나갈 수 있다. 모든 비용은 회사가 부담한다. 스키를 타러 가거나 등산을 갈 때도 마찬가지다. 회장인 취나드 역시 회사를 경영하는 틈틈이 등반가이자 모험가로서 전 세계를 누빈다. 그는 70세가 넘은 지금까지 여전히 서핑을 즐기는 것으로 유명하다.

취나드는 등반을 더 잘하기 위해 회사를 만들었기 때문에 직업과 놀이를 구분하지 않는다. 직접 즐겨본 사람만이 최고의 제품을 만들 수 있다고 생각하기 때문이다.

---

* 파타고니아는 벤틀리 대학 라젠드라 시소디어(Rajendra Sisodia) 교수가 저서 《위대한 기업을 넘어 사랑받는 기업으로》(2008, 럭스미디어)에서 다양한 분석을 토대로 선정한 고객, 종업원, 사회 구성원들로로부터 '사랑받는 기업' 중 하나이다. 시소디어 교수는 사랑받는 기업들의 주식은 지난 10년간 S&P 500기업 평균보다 9배나 더 큰 수익을 냈으며 짐 콜린스(Jim Collins)가 말한 '위대한 기업'들보다도 3배나 더 큰 수익을 냈다고 분석했다.

취나드의 이런 철학은 독특한 인사 정책으로 이어진다. 파타고니아에서는 아르바이트 직원들에게도 종합 건강보험을 들어준다. 한때 취나드 자신이 그랬던 것처럼, 아르바이트로 돈을 벌어 모험을 즐기는 스포츠 마니아들을 회사로 끌어들이기 위해서다. 누구보다 파타고니아 제품의 특징을 잘 알고 있기에 이들이 파타고니아 매장에서 판매를 담당하면 매상이 크게 올라갔다.

파타고니아 직원들에게 등산 장비는 단순히 팔기 위한 제품이 아니다. 언젠가 산속에서 위험에 처했을 때, 자신을 지켜줄 생명줄인 것이다. 직원들을 함께 산을 오르는 동료로 생각하는 취나드의 마음이 파타고니아를 재능 있고 도전 정신이 뛰어난 사람들이 넘치는 곳으로 만들었다.

세상을 바꾸는 일에 힘쓰는 친환경 기업

1980년대 중반에서 1990년 사이 파타고니아는 업계에서 승승장구했다. 2,000만 달러였던 매출도 1억 달러로 증가했다. 하지만 1991년 경기침체가 찾아오면서 급격한 성장세에 제동이 걸렸다. 40퍼센트를 넘어서던 성장률이 20퍼센트로 떨어지면서 타격을 받았다. 사실 그동안 파타고니아는 너무 급하게 성장하느라 스스로를 돌아볼 틈이 없었다. 그때까지 취나드는 왜 사업을 하느냐는 질문에 "원래 사업을 하려던 것이 아닌데 이렇게 되어버렸다"라고 대답해왔을 정도였다. 하지만 회사가 위기에 직면하자 직원들과 취나드는 왜 이 일을 해야 하는지 머리를 싸매고 고민하지 않을 수 없었다.

회사 설립 초기, 취나드는 주력 제품인 암벽 등반용 쇠못 장비 '피톤'이 암벽을 상하게 한다는 것을 깨닫고 생산을 중단한 적이 있다. 주력 제품인 만큼 회사가 입은 타격도 컸다. 대신 망치를 쓰지 않고도 밀어 넣어 사용할 수 있는 알루미늄 초크를 제작하여 대성공을 거두었고, 이를 통해 재도약의 발판을 마련할 수 있었다. 이 일을 떠올린 그는 대장장이 시절의 마음으로 돌아가 환경과 인간을 살리는 일에 집중하기로 결심했다. 모든 제품에 대해 환경영향평가를 실시하고 환경에 해를 끼치는 제품에 대해 전면적인 개선 작업에 들어갔다. 모든 제품의 소재는 물론이고 생산 과정에서 소비되는 유해물질까지 파악해서 하나씩 하나씩 대체물질로 바꾸었고 이러한 노력은 지금까지도 계속되고 있다.

2011년에는 미국 최대 쇼핑 주간 블랙프라이데이를 앞두고 "Don't Buy This Jacket(이 재킷을 사지 마세요)"이라는 광고 캠페인을 벌였다. 재킷 하나를 만드는 데 많은 자원이 사용되고 환경 파괴도 피할 수 없는 현실을 설명하며 필요 없는 구매는 줄이자고 권하는 이 광고 이후 파타고니아의 재킷은 오히려 더욱 인기리에 팔려 나갔다.

1985년부터는 이익의 10퍼센트나 매출의 1퍼센트 중 큰 금액을 환경보호를 위해 기부하고 있다. 또 캠프를 열어 환경운동가들을 교육하고, 환경운동을 위해 회사에 나오지 않아도 한 해에 2개월까지는 월급을 지급하는 인턴 프로그램을 운영할 정도로 친환경 활동에 적극적이다.

꼭 필요한 물건을
최고의 품질로 만든다

한 등반가의 도전에서 시작된 파타고니아의 노력은 이제 세상을 바꿔 나가고 있다. 나이키나 리바이스, 갭 같은 대기업들도 유기농 면화와 같은 친환경 소재를 사용하기 시작했다. 또 파타고니아의 지원으로 댐이 없어진 곳(파타고니아는 오랫동안 댐 철거를 위한 지원 활동을 해왔다)에는 연어가 돌아왔으며 수백만 에이커의 땅이 자연보호구역으로 지정되었다.

이본 취나드는 결코 기업가가 되려 했던 것이 아니다. 그럼에도 불구하고 숫자로 모든 것을 말하는 치열한 시장 경쟁에서 살아남았을 뿐만 아니라 2013년 미국 아웃도어 시장 점유율 2위를 차지할 정도로 좋은 성적을 거두고 있다. 애초부터 많이 팔기 위해 만든 것이 아니라, 주변에서 발견한 불편함이나 문제점을 해결하는 과정이 자연스럽게 사업 기회로 연결되었을 뿐이다. "꼭 필요한 물건을 최고의 품질로 만든다"라는 파타고니아의 슬로건에 소비자들은 크게 공감했다. 세상을 좀더 살기 좋은 곳으로 만들고 있는 계산 없는 경영이 주는 울림이 예사롭지 않다.

파타고니아는?

1957년 이본 취나드가 설립한 아웃도어 회사로 사명은 남아메리카 대륙의 남쪽 끝에 있는 고원지대의 명칭에서 따왔다. 유기농 면화 등 친환경 소재를 선도적으로 사용하기 시작한 파타고니아는 꾸준한 기부 활동과 새 제품을 구입하기보다 먼저 재활용할 것을 권하는 일관된 마케팅 캠페인을 통해 소비자들에게 친환경 철학을 가진 기업으로 인정받고 있다. 2013년 기준 매출 6억 달러를 기록했다.

03

업계 최초는
어떻게 탄생하는가

: 포시즌스 호텔 창업자, 이사도어 샤프 :

세계 여행자들이 선택한 '최고의 호텔'

1989년 겨울, 시카고 어느 호텔에서 생긴 일이다. 그날 호텔에서는 레이건 전 대통령 부부 주최로 '블랙타이 기금 모금행사'가 열렸다. 드레스 코드는 당연히 블랙. 행사장에는 검정색 턱시도를 입은 신사들이 연이어 도착하여 레이건 부부와 함께 기념사진을 찍고 있었다. 그런데 한쪽 입구에서 몹시 당황한 중년 신사 한 사람이 행사장에 들어가지 못한 채 어쩔 줄 몰라 했다. 드레스 코드와 맞지 않는 옷을 입고 온 것이었다. 이를 간파한 호텔 직원은 그 고객을 호텔 유니폼 관리사무실로 데려가 잘 다림질된 턱시도를 건넸다. 다음 날, 그 직원은 장문의 감사편지를 받게 된다. 그 편지의 말미에는 세계적인 컨설팅 회사인 AT 커니(AT Kearney) 회장의 서명이 있었다. 이 사건을 계기로 이후 AT 커니의 모든 연회는 이 호텔에서 진행되었다. 그로부터 17년 후, 이 호텔은 세계적인 레스토랑 정보지《자갓 서베이(Zagat Survey)》가 선정한 세계 최고의 호텔로 등극한다. 호텔 서비스의 강자, 포시즌스 호텔의 실제 이야기다.

호텔 최초로 욕실용품을 비치하고 드라이클리닝, 구두 닦기 서비스, 피트니스 센터, 24시간 룸서비스는 물론, 북미 최초로 컨시어지 서비스를 도입한 호텔. 지금은 너무나 당연하게 들리는 이 기본 서비스들을 선도적으로 적용한 호텔이 바로 포시즌스 호텔(Four Seasons Hotels and Resorts)이다.

1998년 이후 16년 연속《포천》이 발표하는 '가장 일하고 싶은 100대 기업'에 빠짐없이 이름을 올리며, 2013년 CNN 트래블이 발표한 '여행자들이 선택한 최고의 호텔' 1위에 선정되었고, 2015년 현재 전 세계 40개국에서 95개의 호텔과 리조트를 보유한 이 화려한 이력의 호텔은 사실 작은 변두리 모텔에서 시작됐다.

1961년 캐나다 토론토 지역 변두리에서 출발한 작은 모텔을 세계 최고의 호텔 그룹으로 만든 주인공은 바로 이사도어 샤프(Isadore Sharp)이다. 건축업자였던 아버지를 보며 자란 이사도어 샤프는 라이어슨 대학교에서 건축학을 전공했다. 스물한 살 때부터 아버지 일을 도왔던 그는 자신을 전적으로 믿어준 아버지 덕분에 회사를 2배나 성장시킬 수 있었다. 이때의 현장 경험은 훗날 포시즌스 호텔을 경영하는 데 있어 큰 밑거름이 되었다.

고객의 눈으로 볼 때 진심 어린 서비스가 시작된다

한창 사업에 재미를 붙여가던 그가 호텔업에 관심을 갖게 된 것은 순전히 불쾌한 경험 때문이었다. 1955년 신혼여행을 간 그는 큰맘 먹고 그 지역 유명 호텔을 예약했으나 유명 호텔이라고는 믿기지 않을 만큼 허술한 서비스를 경험한다. 공용 화장실에 방음장치도 되어 있지 않았고 비누와 수건을 쓰려면 추가 비용을 내야 했다. 그런데도 불구하고 손님이 몰리는 것을 보며, 제대로 된 서비스에 깔끔한 호텔을 만든다면 충분히 성공할 수 있겠다는 생각을 하게 된다. 그로부터 6년 후, 그는 가족과 친구들로부터 자금을 빌려 토론토 외곽의 후미진 지역에 작은 호텔을 연다. 바로 '포시즌스 호텔'이다.

건축업자였던 샤프는 호텔업에 대한 전문지식이 없었다. 다만 고객의 관점에서 바라보려고 노력했다. 몇 년간 수많은 호텔을 조사한 끝에 대부분의 호텔이 샤워 후 몸의 물기를 완전히 제거하기 힘들 정도로 얇은 수건을 제공하고 있다는 사실을 알아냈다. 또한 셋이나 되는 누이들과 함께 자란 경험을 바탕으로, 여성들이 여행할 때 숙박업소에서 제공하는 비누로 머리를 감기 싫어 따로 작은 샴푸 병을 들고 다닌다는 사실에 주목했다.

샤프는 포시즌스 호텔 투숙객들에게 순면의 커다란 목욕 타월과 두툼한 핸드 타월은 물론, 업계 최초로 모든 객실에 샴푸를 무료로 제공하기 시작했다. 다른 호텔에서는 비용 문제로 제공하지 않지만 가치 있는 서비스라면 숙박료가 좀더 비싸더라도 고객들이 기꺼이 지불할 것이라고 생각했다.

그의 도전은 시대를 역행할 때도 있었다. 1980년대 세계적으로 경기 불황이 닥쳤을 때였다. 많은 호텔업체들이 사업 규모를 축소할 때, 그는 오히려 이와 상반된 노선을 택했다. 장기 불황과 잦은 출장에 지친 산업계 리더들을 최고의 시설에서 최고의 서비스를 받으며 쉬게 하자는 전략이었다.

이에 따라 몸집 줄이기에 바빴던 다른 호텔들과 달리, 포시즌스는 최고의 서비스를 제공하는 5성급 이상의 호텔을 확대하며 불황에 정면으로 맞섰다. 전략은 적중했다. 1980년대 후반 포시즌스 호텔은 다른 경쟁자들보다 평균 5퍼센트, 많게는 55퍼센트 더 높은 객실 점유율을 기록했다.

사람의 마음을 감동시키는 것은 큰 이벤트나 행사가 아닌 아주 사소한 것에서 시작된다. 포시즌스의 서비스에는 바로 그 작은 세심함이 돋보인다.

예를 들어, 호텔에 오는 고객이라면 누구나 거쳐야 하는 체크인 하나에도 작은 배려를 담았다. 포시즌스 호텔에서 다섯 번 이상 묵은 고객이라면 별도의 체크인 없이 차에서 내리자마자 객실 열쇠를 받을 수 있게 한 것이다. 단순한 서비스인 듯 보이지만, 이 프로젝트를 실행에 옮기기 위해서는 많은 준비가 필요하다. 우선, 데이터 관리를 통해 고객의 방문 횟수를 파악해야 하고 고객의 차량 번호와 얼굴을 기억해야 한다. 아무리 작은 서비스라도, 고객을 감동시키는 서비스에는 반드시 그 속에 고객을 향한 충분한 생각의 시간이 담겨 있다.

그 서비스가 탄생하기까지 고객을 얼마나 생각했느냐에 따라 고객의 감동도 배가되는 것이다.

직원을 고객처럼: 황금률 경영 원칙

샤프가 가장 중요하게 생각하는 경영 원칙은 '황금률'이다. 황금률이란 기독교의 윤리관에서 유래한 원리로 "남에게 대접받고자 하면 먼저 남을 대접하라"라는 가르침이다. 이를 경영에 적용하면 회사 간부들이 일선 직원을 고객처럼 대할 때 직원들도 고객에게 최고의 서비스를 제공할 수 있다는 것이다.

포시즌스 호텔의 직원 관리는 특별하다. 전 세계 호텔 직원들을 대상으로 설문조사를 실시해 그 결과를 경영에 반영하고 있으며, 직원들이 머무는 작업 공간을 객실보다도 우선적으로 개선하는 등 직원들의 업무 만족도를 높이기 위해 노력한다.

샤프는 특히 고객과 최접점에서 만나는 도어맨, 벨 스태프, 바텐더 등을 엘리트 직원과 차별 없이 대했다. 그들이 자신의 일에 긍지와 자부심을 느껴야 아무리 사소하더라도 고객에게 문제가 발생했을 때 "그건 제 일이 아닌데요" 대신 "제가 어떻게 도와드릴 수 있을까요?"라고 말하는 마음을 가질 수 있다고 생각했기 때문이다. 그들의 의견을 더욱 잘 듣기 위해 호텔 안에 본사와 연결되는 직통 전화를 설치하여 호텔 정문이나 프런트에서 문제가 발생하면 곧바로 사건 개요

고객을 감동시키는 서비스에는
반드시 그 속에 고객을 향한
충분한 생각의 시간이 담겨 있다.

및 자신의 의견을 본사에 알릴 수 있는 시스템을 마련했다.

실제로, VIP 고객이 호텔 차량 지연으로 언짢아하자 한 도어맨이 곧바로 이를 본사에 알려 본사에서 그 고객의 비서실로 전화해 사건을 수습한 일화도 있다. 이처럼 샤프는 어떤 위치에 있는 직원이라도 자신의 의견이 조직에서 중요하게 받아들여진다는 것을 피부로 느껴야, 책임감은 물론 회사에 대한 믿음이 커진다고 믿었다. 《포천》이 발표하는 '가장 일하고 싶은 100대 기업'에 16년 연속 이름을 올릴 수 있었던 것도 직원 한 사람 한 사람의 의견에 귀를 기울이며 황금률 경영 원칙을 지켜 나간 결과였다.

> 포시즌스는 이곳에 소속된 사람들이 모여 만든 공동체다. 그것도 수없이 많은 좋은 사람들이 모여 만든 곳이다.

이사도어 샤프의 자서전에 적힌 이 두 문장은 그의 철학을 함축하고 있다.

어느 분야에나 '최초'는 있다. 그것은 철저하고 치밀한 계산의 결과일 수도 있고, 우연한 시도의 산물일 수도 있다. 이사도어 샤프가 고안해낸 호텔 서비스도 우연히 만들어진 것처럼 보인다.

그러나 보이는 것이 전부일까. 누이들의 불편함을 포착한 세심한 관찰력, 그것을 해결하고자 하는 배려심 등이 오랜 시간 누적되었다가 적기를 만나 아이디어로 탄생했고, 세상에 나온 뒤에는 많은 사람의 공감을 샀던 것이다. 그리고 마침내 그것은 당연한 일이 되었다.

이렇듯 업계 최초는 하루아침에 만들어지지 않는다. 결국 사람을 소중히 하는 마음을 가진 창업자, 이사도어 샤프 한 사람에게서 시작된 결과였다.

포시즌스 호텔 그룹은?

1961년 캐나다 토론토 외곽에서 작은 규모의 '포시즌스 호텔'로 시작해, 2015년 현재 전 세계 40개국에 95개의 호텔과 리조트를 보유한 글로벌 호텔 그룹으로 성장했다. 2013년 여행 전문지 《콘데 나스 트래블러(Condé Nast Traveler)》에서 발표한 '최고의 럭셔리 호텔'에 선정되는 등 다수의 매거진이 선정한 최고급 호텔 리스트에 그 이름을 올리고 있다.

04

생명을 살리는
비즈니스

: 베스터가드 프란젠 그룹 CEO, 미켈 베스터가드 프란젠 :

아프리카에 생명수를! '라이프 스트로'

2012년 UN이 발표한 새천년개발목표 보고서에 따르면 전 세계 인구 중 약 10억 명은 안전한 식수를 사용하지 못하고 있다고 한다. 2005년 이 고민을 덜어줄 대단히 혁신적인 제품이 등장했다. 바로 휴대용 정화 장치 '라이프 스트로(life straw)'다.

이름 그대로 '생명을 살리는 빨대'라는 뜻의 라이프 스트로는 빨대를 사용하는 것만으로도 오염된 물을 안심하고 먹게 해주는 제품이다. 길이 25센티미터, 지름 5센티미터로 휴대가 간편하며 어떠한 전기적 장치도 필요 없이 미생물과 기생충, 그리고 박테리아의 99.9퍼센트를 걸러낼 수 있다. 그뿐만 아니라, 하루에 2리터씩 사용할 경우 무려 1년간 사용이 가능하다고 한다. 라이프 스트로는 출시되자마자 전 세계에 커다란 반향을 일으키며 식수 사정이 좋지 않은 나라를 방문할 때의 필수품이 되었다.

라이프 스트로를 개발한 회사는 스위스에 본사를 둔 베스터가드 프란젠 그룹(Vesterguard Frandsen Group)이다. 몇 년 전만 해도 작은 원단 제조업체였던 이 기업은 라이프 스트로의 성공에 힘입어 세계 6개국*에 지사를 둔 글로벌 기업으로 거듭났다.

베스터가드 프란젠 그룹이 이렇게 성장할 수 있기까지는 창업자의 손자인 젊은 CEO, 미켈 베스터가드 프란젠(Mikkel Vestergaard Frandsen)의 힘이 컸다.

젊은 사회적 기업가의 쉼 없는 도전

사회보장제도가 잘 갖춰진 나라에서 대부분의 사람들이 안정된 삶을 누리는 환경은 소년 미켈에게 조금 지루했다. 소년은 고등학교를 졸업하자마자 아프리카로 여행을 떠나 19세의 나이에 나이지리아에서 중고 트럭과 버스, 엔진을 수입하는 일을 시작한다. 하지만 나이지리아에 쿠데타가 일어나는 바람에 사업을 접고 집으로 돌아올 수밖에 없었다.

* 스위스, 브라질, 인도, 케냐, 미국, 베트남.

당시 그의 집안은 원단 및 섬유를 만들어 파는 직물업을 하고 있었다. 미켈은 귀국하자마자 새로운 사업을 기획한다. 바로 섬유를 가공하여 담요를 만든 다음 국제 NGO에 파는 사업이었다. NGO 단체들은 이 담요를 사서 개발도상국 미숙아들의 생명을 구하거나 난민들이 추위를 피할 수 있도록 하는 데 사용했다.

이 사업을 계기로 미켈은 사람을 살리는 사업에 큰 관심을 갖게 된다. 그래서 담요에 '인도적 직물'이라는 이름을 붙이고 사업을 확대하는 한편, 사람을 살리는 또 다른 제품을 만들기 위해 담요 사업에서 얻은 이익을 기술 개발에 투자한다. 하지만 2대째 직물업을 충실히 운영하던 미켈의 아버지는 이런 변화를 탐탁지 않게 생각했다. 아버지와 아들 사이에 의견 충돌이 잦아졌고 결국 이 당돌한 소년은 회사의 지분 85퍼센트를 자신이 매입하기로 하고 아버지에게서 경영권을 물려받는다.

그리고 6년간의 연구 개발 끝에 2001년 새로운 제품을 선보인다. 바로 난민들을 위한 휴대용 대피소 '제로 플라이(Zero Fly)'다. 오랜 기간 아프리카에 머물렀던 미켈은 전쟁이나 자연재해 등이 빈번히 발생하는 지역에서도 총탄에 의해 사망할 확률보다 말라리아나 오염된 물을 마셔 사망할 확률이 더 높다는 것을 잘 알고 있었다. 그래서 더위나 모기 등 해충을 막아주는 데 탁월한 효과가 있는 대피소를 개발한 것이다.

2003년에 출시한 방충 모기장 '퍼마 넷(Perma Net)' 역시 말라리아로 인한 피해를 줄이자는 생각에서 개발되었다. 살충제를 첨가한 이 모기장은 유사 제품과 달리 20회까지 세탁해도 2~3년간 살충 효과

나의 개인적인 목표는
세계 인구의 절반에 해당하는
극빈자를 구하는 것이
결국 훌륭한 비즈니스가 된다는
사실을 구체적으로 증명해
보이는 것입니다.

가 유지된다. 세계보건기구에 따르면 퍼마 넷과 같은 방충 모기장 덕분에 아프리카 어린이들의 생존율이 25~30퍼센트나 높아졌다고 한다. 특히 이 장비들은 2010년 아이티 대지진 당시 현지에서 유용하게 활용되었다.

퍼마 넷에 이어 라이프 스트로까지, 구호장비 개발에 연이어 성공하면서 베스터가드 프란젠 그룹의 주력 분야는 긴급구호 제품으로 바뀌었고, 사회적 기업으로서도 탄탄한 명성을 쌓았다. 하지만 미켈은 여기서 도전을 멈추지 않았다. 아직도 그를 포함한 모든 사원들이 보너스 등 보상을 미루고 이익을 연구개발에 재투자하고 있다.

개발도상국의 니즈에 맞는 제품을 개발하기 위해 태국과 베트남에 연구소도 세웠다. 그 결과 라이프 스트로의 정수 가능 용량은 700리터에서 1,000리터로 늘어났고, 무게는 147그램에서 50그램으로 가벼워졌다. 지금은 세균과 바이러스뿐 아니라 비소와 불소까지 차단할 수 있는 필터를 개발하고 있다고 한다. 그렇게 되면 물속에 비소 함유량이 많은 방글라데시에서도 안심하고 물을 마실 수 있게 된다.

경영 슬로건은 '목적이 있는 이윤'

이렇게 많은 사람들의 생명을 살리는 성과를 올린 베스터가드 프란젠 그룹의 경영 슬로건은 '목적이 있는 이윤(profit for purpose)'이다. 단순히 돈 버는 것만이 목적인 사업은 하지 않겠다는 것이다. 미켈은 이렇게 말한다.

> 나의 개인적인 목표는 세계 인구의 절반에 해당하는 극빈자들을 구하
> 는 것이 결국 훌륭한 비즈니스가 된다는 사실을 구체적으로 증명해 보
> 이는 것입니다. 나의 사업은 감정적인 동정이나 자선과는 다릅니다.

미켈의 이런 경영 방침은 사회적 기업에 시사하는 바가 크다.

먼저, 자기가 가장 잘 아는 분야에서 시작하는 것이 중요하다는 점
이다. 미켈이 처음부터 라이프 스트로를 만들었던 것은 아니다. 먼저
직물을 만들던 노하우를 활용하여 담요를 만들었고, 이를 NGO에
팔면서도 이 사업이 안정될 때까지 여성용 제복의 안감을 만드는 기
존 사업을 접지 않고 기다렸다. 그리고 담요 사업으로 안정된 수입을
확보하면서 성공의 발판을 마련할 수 있었다.

다음으로 현재에 안주하지 말고 미래를 준비하라는 것이다. 많은
사회적 기업가들은 정부나 공공기관에서 사회적 기업의 물건을 많
이 사주어야 한다고 말한다. 맞는 말이긴 하지만 여기에만 의존한
다면 이는 계속 담요만 만들어 파는 것과 다를 바가 없다. 곧 비슷한
제품을 파는 경쟁자들이 등장할 것이고 기업의 성장은 지체될 수밖
에 없다.

하지만 미켈은 달랐다. 담요를 팔아 벌어들인 돈을 몇 년 동안 연구
개발에 투자했고 그 결과 많은 사람의 생명을 살리는 라이프 스트로
같은 제품을 만들 수 있었다.

우리나라에도 이렇게 정부 지원에만 의존하지 않고 의미 있는 제품으로 수익을 창출하고, 그런 수익을 바탕으로 세상을 놀라게 할 제품을 만들어내는 사회적 기업들이 많이 등장하기를 기대해본다.

베스터가드 프란젠 그룹은?

1957년 농부였던 카이 베스터가드 프란젠이 직물 회사로 설립하였으나, 그의 손자인 현 회장 미켈 베스터가드 프란젠이 사업을 이어받으면서 다양한 적정 기술 제품을 생산하는 사회적 기업으로 변신했다. 오염된 물을 깨끗한 물로 바꿔주는 휴대용 정수기, 말라리아 예방을 위한 모기장, 난민을 위한 휴대용 대피소 등을 생산한다. 스위스 로잔에 본사가 있으며 브라질, 인도, 케냐, 미국 등 전 세계 6개국에 지사를 두고 있다.

05

끊임없이
버리고 바꿔라

: 이케아 창업자, 잉바르 캄프라드 :

글로벌 가구 왕국의 탄생

유럽에서 '성경' 다음으로 가장 많이 읽히는 것은 무엇일까? 바로 글로벌 가구업체 이케아(IKEA)의 카탈로그다. 1951년에 처음 발행된 이후 2014년 기준 29개 언어로 2억 1,000만 부가 발행됐다. 가구 업계의 바이블이라고 해도 과언이 아니다. 이케아는 2014년 287억 유로(약 33조 3,488억 원)의 매출을 올렸으며 전 세계에 345개의 매장을 확보하고 있다. 명실상부한 글로벌 가구 왕국이다.

한국에서도 이케아의 위력을 제대로 실감할 수 있다. 2014년 12월 경기도 광명시에 축구장 8배에 해당하는 규모의 한국 1호점이 개장하자 35일 만에 100만 명이 이곳을 방문했다. 한국 착륙에 성공한 이케아는 시장을 확대하기 위해 광명점에 이어 새로운 매장 설립을 계획 중이라고 한다.

영어로는 '아이케아'로 발음되는 이케아에는 창업자 잉바르 캄프라드(Ingvar Kamprad)의 아이덴티티가 담겨 있다. 그의 조국 스웨덴 국기를 연상시키는 파란색과 노란색으로 로고와 매장 외벽을 디자인했으며, 자신의 이니셜인 I와 K, 그가 자란 농장 엘름타리드(Elmtaryd)의 앞글자 E, 그리고 그의 고향 아군나리드(Agunnaryd)의 A를 따서 브랜드 명을 만들었다. 한적한 스웨덴 시골 농장을 담은 그 이름처럼 이케아의 시작도 소박했다.

1926년 스웨덴의 조용한 시골 마을에서 태어난 캄프라드는 타고난 사업가 기질을 발휘하여 어릴 때부터 놀이가 아닌 진짜 장사를 했다고 한다. 5세 때부터 집 앞마당에 가게를 차려놓고 성냥, 크리스마스카드 등을 팔아 돈을 벌었고, 15세부터는 직업학교에 다니며 허리띠, 지갑, 시계 등을 팔았다. 졸업할 즈음에는 회사를 세울 만큼의 돈을 모았고 17세가 되던 1943년 이케아를 설립했다.

이케아는 다양한 잡화를 수입해서 파는 무역업으로 시작했다. 그러다 1950년 초 조립식 가구인 플랫팩(납작하게 포장하는 방식) 가구로 전향하며 폭발적인 성장 가도를 밟게 된다. 그 성공의 이면에는 가구의 개념을 포함하여 모든 것을 바꾼 혁신의 역사가 있다.

가구는 소비재! 가구의 개념을 바꾸다

이케아 가구를 평생 쓰기 위해 사는 사람은 없을 것이다. 그것은 이케아도 원하는 바가 아니다. 이처럼 이케아는 고가(高價)의 장식품이자 오랜 친구처럼 인식되던 가구의 개념을 소모품으로 바꾸었다.

으슬으슬 바람이 부는 어느 날, 아늑한 거실에 있던 조명 하나가 주인 품에 안겨 밖으로 나간다. 잠시 후 조명은 쓰레기통 옆에 처참히 버려지고, 세찬 비바람을 맞으며 자신이 살던 거실에 새로 들어온 조명을 쓸쓸히 바라본다. 버려진 헌 조명에 측은함을 느낄 때쯤, 한 남자가 나와서 이렇게 말한다. "이 램프가 불쌍한가요? 그건 당신이 이상한 거예요. 저 램프는 느끼지 못해요! 새것이 훨씬 좋습니다."

2002년 이케아가 미국에서 방영한 TV 광고의 한 장면이다. 칸 국제광고제 필름 부문에서 그랑프리를 수상한 이 광고는 매출 상승에도 큰 공을 세웠다. 이 광고는 이케아의 메시지를 대표적으로 보여준다. "헌 가구에 대한 집착을 버려라"라는 것이다.

이케아가 사업을 확장하던 1950~1960년대만 하더라도 가구는 매우 고가의 제품이었다. 따라서 할머니가 쓰던 가구를 손자 손녀가 물려받아서 쓰는 것이 전통처럼 여겨지기까지 했다. 하지만 캄프라드는 신선한 감각의 디자인과 저렴한 가격을 적용하여 가구를 생활 소비재로 만들었다.

또한 가구 외에도 침구, 식기 등 생활용품을 함께 판매하는 홈퍼니싱 개념을 도입하여 상대적으로 낮은 비용으로 집안 분위기를 바꿀 수 있도록 함으로써 큰 호응을 얻었다. 매장에서는 라이프 스타일에 따라 인테리어를 제안한 다양한 쇼룸이 쇼핑을 돕는다.

이케아는 새로운 시장에 진입할 때마다 그 나라에 맞는 풍습이나 라이프 스타일을 철저히 분석한다. 그리고 기존의 라이프 스타일을 유지하면서도 누구나 손쉽게 접목할 수 있는 실용적인 아이디어를 제시한다.

한국에 매장을 만들기 전 이케아는 한국인의 주거 형태를 파악하기 위해 1,000여 가정에 전화를 걸어 가족 구성원 수와 거주 형태, 지금 살고 있는 집의 불편한 점 등을 물었고 80여 가정을 직접 방문하여 인테리어 스타일을 분석했다고 한다. 그 결과 한국식 인테리어의 가장 큰 문제가 수납이라는 점을 발견하고, 베란다를 수납 공간으로 만든 인테리어를 쇼룸에서 보여주는 등 이케아만의 아이디어 팁을 제시했다.

또한 이케아의 성공은 '과감한 버림'의 결과이기도 했다. 캄프라드는 대부분의 회사가 추구하는 '편리한 서비스'라는 개념을 버리고 고객들이 불편해하는 서비스를 감행했다. 매장 내 상담 직원의 수를 대폭 줄이고, 고객이 직접 원하는 제품을 찾아 선반에서 꺼내 계산하고 집으로 가져가 조립하는 캐시-앤-캐리 시스템(cash-and-carry system)을 도입한 것이다. 이 과정에서 절약되는 인건비를 제품 가격에서 빼자 다른 업체보다 압도적으로 저렴한 가격을 책정할 수 있었다.

지금도 이케아 매장 쇼룸을 구경하다 보면 안내 직원을 만나기가 쉽지 않다. 제품의 재고나 재질 등 문의 사항이 있을 때는 매장 곳곳에 비치돼 있는 컴퓨터를 이용해야 한다. 그리고 마음에 드는 제품이 있으면 직접 컴퓨터로 상품 번호를 검색한 다음 모니터에서 안내해 준 진열대로 가서 카트에 짐을 싣는다. 그만큼 이케아가 고객들에게 떠넘긴 짐은 결코 적지 않다. 때로는 50킬로그램이 넘는 제품도 직접 감당해야 한다.

직접 조립하는 작업도 만만치 않다. 사용 설명서를 알기 쉽게 제작했다고는 하지만 주부나 노인들이 혼자서 조립하기엔 힘겨운 것도 사실이다. 그럼에도 불구하고 이러한 불편을 감수하면 저렴한 가격에 세련된 디자인의 제품을 구매할 수 있기 때문에 고객들은 그 불편을 기꺼이 받아들였다.

이케아 매장은 가구 테마파크

캄프라드는 1970년대에 이미, 가구를 구매하는 활동이 가족들에게 독특한 체험이 되게 한다면 이케아가 더욱 성장할 것이라 믿고 이를 실현했다. 따라서 이케아 매장에 방문하는 것을 일종의 테마파크에 놀러 가는 것처럼 인식하도록 매장을 꾸몄다. 창고형 매장에 쇼룸을 전시하여 볼거리를 마련했고 부모들이 쇼핑하는 동안 아이들이 놀 수 있는 공간을 만들었다. 일부 고객들이 피로를 호소하기도 하는 미로를 연상시키는 매장 구조도 이러한 전략과 관련이 있다. 또한 매장 안에 있는 레스토랑에서는 저렴한 가격에 음식을 판다. 이렇게 하자 고객들은 필요한 물건만 사고 바로 나가지 않고 이케아 매장에서 평균 두 시간 정도를 보낸다고 한다.

이케아 레스토랑은 한국에서도 인기가 높다. 한국에서 이케아 매장이 개장된 이후 SNS에는 이케아에서 파는 음식 사진이 끊이지 않고 올라온다. 패밀리 회원에게는 커피를 무료로 제공하고, 5,000원 이하의 가격으로 스파게티나 밥을 먹을 수 있어 이케아 매장을 방문한 고객이라면 대부분 한 번씩 방문한다.

2013년 10월《월스트리트 저널》의 보도에 따르면 전 세계 300여 개 이케아 매장에서 약 7억 명의 고객이 레스토랑을 이용했으며, 2011년 기준 이케아는 식품 사업 부문에서 13억 유로의 매출을 올렸다. 사람들이 '스웨덴으로 떠나는 맛있는 소풍'을 떠올리며 놀러 온 듯한 기분에 젖어들게 함으로써 식품 사업은 매출을 이끄는 또 다른 비결이 된 것이다.

최근 이케아는 그동안 과감히 버렸던 서비스 중 일부를 새로운 시장에 맞추어 부활시켰다. 조립 및 배송 서비스가 그것이다. 그동안 고객에게 직접 일하게 하며 저렴한 가격을 고수했던 이케아만의 대표적인 고집을 버린 것이다. 시대와 무대가 변하면, 유효했던 과거의 성공 방식을 과감히 버리고 새로운 방식으로 바꾸는 '이케아 스타일'을 다시 한 번 보여주었다고 하겠다.

이케아는 가구 회사의 모든 것을 바꾸었다. 가구의 개념을 바꾸었고 편리한 서비스를 버렸고 매장에 대한 인식을 바꾸었다. "더 많은 사람에게 좀더 나은 일상생활을 제공한다"라는 단순명쾌한 비전 아래 많은 혁신이 실현되었다. 더 많은 사람에게 혜택을 주기 위해 저렴한 가격은 당연했고 더 나은 일상을 제공하기 위해 세련되고 심플한 디자인은 필수였다. 단순한 명제를 공유하고 끊임없이 문제 해결 방법을 찾는 것이야말로 혁신의 진리가 아닐 수 없다.

이케아는?

1943년 스웨덴 시골 마을의 작은 가구상으로 시작하여 2014년 기준 287억 유로 (약 33조 3,488억)의 매출을 올린 세계 최대 홈퍼니싱 기업이다. 전 세계 43개국에서 13만 5,000여 명의 직원이 일하고 있다.

06
혁신적인 기업가에서
더 나은 세상을 꿈꾸는 정치가로

: 블룸버그 통신 창업자, 마이클 블룸버그 :

세계에서 가장 영향력 있는 억만장자

열심히 일해서 얻은 부와 권력으로 기부와 헌신에 힘쓰는 부자라면 대부분 마이크로소프트의 빌 게이츠나 '오마하의 현인'이라 불리는 워런 버핏을 떠올릴 것이다. 하지만 이 두 사람만큼 일생의 대부분을 더 나은 세상 만들기에 힘써온 세계적인 부호가 있다. 바로 전(前) 뉴욕 시장으로 더욱 이름을 알린 마이클 블룸버그(Michael Bloomberg)다.

뉴욕 시장으로서의 활동 외에 블룸버그에 대해서 알려진 것은 많지 않다. 그만큼 뉴욕 시장으로서의 블룸버그가 이룬 업적이 많다는 의미이기도 하다.

블룸버그는 2014년 기준 재산 343억 달러로《포브스》가 선정한 억만장자 순위에서 13위를 기록한 미디어 재벌이다. 또한 전 세계 금융권과 비즈니스 업계에서 가장 많이 쓰이는 정보통신 단말기인 블룸버그를 제작해 판매하는 IT기업의 창업자이자 최대 주주다. 이처럼 막강한 부와 정치적 권력은 블룸버그를 세계에서 가장 영향력 있는 억만장자로 만들었다.

1942년 미국 보스턴에서 태어난 블룸버그는 회계사인 아버지와 학교 선생님이었던 할아버지 덕에 부족함 없는 어린 시절을 보냈다. 여느 유대인 가정처럼 교육을 강조하는 부모 밑에서 자라 1964년 전자공학도로서 존스홉킨스 대학을 졸업했으며, 2년 뒤에는 하버드 경영대학원에서 MBA 학위를 받고 월스트리트 생활을 시작하게 된다.

살로몬 브라더스(Salomon Brothers)라는 투자은행에 입사한 블룸버그는 주식 트레이더로 활동한다. 그리고 자신의 업무에서 뛰어난 실력을 발휘한 끝에 입사 7년 만에 파트너직에 올라, 살로몬 브라더스의 금융 전산화 시스템 설계 및 개발에 주력하게 된다.

그러나 1981년 예상치 못한 시련이 닥친다. 살로몬 브라더스가 피브로(Phibro)라는 상품 선물 투자기업에 인수된 것이다. 안타깝게도 블룸버그는 인수합병 후 구조조정의 희생양이 되면서 퇴직금 1,000만 달러를 받고 회사에서 해고된다. 잘나가던 월스트리트 뱅커에서 하루아침에 실업자로 전락한 그는 이 시기를 창업 준비 기간으로 여기며 재기를 모색한다.

정보를 파는 단말기, 미디어 시대를 열다

살로몬 브라더스에서 퇴사한 지 5개월 만에, 블룸버그는 컴퓨터 소프트웨어 개발자들과 팀을 꾸려서 이노베이티브 마켓 시스템스(IMS)라는 회사를 설립했다. 이곳에서 블룸버그는 살로몬 브라더스에서 업무를 하며 느꼈던 불편함을 해결해주는 혁신적인 상품을 기획하게 된다.

당시 투자은행가들은 몇 주 전 주가를 조회하거나 채권 수익률 등을 계산하려면 오래된 경제신문을 일일이 뒤져서 자료를 찾아야만 했다. 바로 이 점에 주목한 블룸버그는 금융회사가 필요로 하는 다양한 데이터와 뉴스들을 중앙 서버에서 전송받을 수 있는 단말기를 개발한다.

IMS의 단말기는 복잡한 금융 업무 대부분을 한 책상 위에서 해결할 수 있도록 도와주면서 금융계에 일대 혁신을 가져왔다. 1983년, 블룸버그와 그의 파트너들은 IMS의 단말기 20대를 글로벌 투자은행인 메릴린치(Merrill Lynch)에 처음으로 판매한다. 그뿐만 아니라 메릴린치로부터 3,000만 달러의 투자를 유치하여 1986년, 회사 이름을 IMS에서 블룸버그(Bloomberg L.P.)로 바꾼다. 바야흐로 블룸버그 단말기의 글로벌 시대가 열린 것이다.

블룸버그가 회사를 급속히 성장시킬 수 있었던 배경에는 주요 언론사들과의 전략적 제휴가 있었다. 인터넷을 통한 정보의 공유가 대중화되기 전 고급 기사는 주요 신문사들이 독점하고 있었다. 따라서 블룸버그 사가 독단적으로 정보나 신문 기사를 판매하는 것은 계란으로 바위를 치는 격이었으며, 동시에 엄청난 비용과 시간을 요구하는 일이었다. 이에 블룸버그는 《뉴욕타임스》에 단말기 서비스를 무료로 제공하면서 블룸버그 사가 발행하는 신문 기사들을 인용하도록 제휴를 체결했다. 이어서 1992년까지 다른 메이저 신문사들과 이와 유사한 제휴를 체결했으며, 이는 기업의 인지도 제고와 단기간의 외형 성장에 매우 효과적으로 작용했다.

또한 혁신 개발에도 최선을 다했다. 예를 들어, 휴대폰이 대중화되기 전 사용되던 삐삐를 통해 이미 금융 및 경제 관련 속보를 고객들에게 실시간으로 전달하는 서비스를 실시했다. 블룸버그 사는 미국과 유럽에서 현재까지 총 283개의 특허를 획득했으며, 블룸버그 개인도 총 8개의 특허를 가지고 있다.

단순히 단말기를 제공하는 하드웨어업체가 아닌, 경제 매거진, 라디오 방송 및 텔레비전 쇼까지 제작 방영하는 대형 미디어업체로 성장하면서 2013년 블룸버그 사는 83억 달러의 매출을 올렸으며, 전 세계에 31만 5,000대 이상의 단말기를 설치했다. 사업의 실패와 성공 여부를 떠나 보다 편한 세상을 만들고 싶다는 그의 꿈이 가져온 결과였다.

더 편한 세상, 더 나은 세상을 향한 꿈은 그를 경영자로만 머무르게 하지 않았다. 부와 정치의 결합이야말로 세상을 바꾸는 가장 빠르고 효율적인 수단이라 판단한 블룸버그는 정치가로서 새로운 인생을 시작하기 위해 2001년 블룸버그 사 회장직을 내려놓고 뉴욕 시장직에 도전한다.

뉴욕에 생기 불어넣은 연봉 1달러짜리 시장

그는 민간 로비단체에 휘둘리지 않는 시장이 되겠다고 선언하면서 모든 선거 비용을 사재로 부담한다. 또한 시장 연봉으로 1달러를 받겠다는 파격적인 공약을 제시하여 2002년 뉴욕 시장에 당선된다.

당시 9.11 테러의 영향으로 관광 수익이 급격히 줄어든 뉴욕 시는 재정 적자에 시달리고 있었다. 무엇보다 재정을 회복하는 것이 급선무였다. 그는 거센 반대에도 불구하고 재산세를 18.5퍼센트나 인상하여 재정 불안을 해소했고, 공격적인 홍보 활동 등을 통해 도시에 생기를 다시 불어넣었다. 이러한 활동을 통해 뉴욕 시를 전보다 더 세계적인 관광 명소로 업그레이드시킨 블룸버그는 2005년과 2009년에 각각 재선과 3선에 성공하며 10년이 넘는 기간 동안 뉴욕 시를 책임지게 되었다.

블룸버그가 비단 뉴욕 시에만 활기를 불어넣은 것은 아니다. 그는 환경, 비만, 알코올 등 시민들의 건강을 위협하는 요소와 전쟁을 벌였는데 그중에서도 금연 운동에 가장 큰 열정을 쏟았다.

2007년에서 2012년까지 금연 캠페인을 위해 사재 6억 달러를 곳곳에 기부하고, 각종 정책을 시행했다. 담배에도 높은 세금을 부과하여, 뉴욕의 담배를 미국에서 가장 비싼 담배로 만들었다. 2002년 22퍼센트였던 뉴욕의 흡연율이 2010년 14퍼센트까지 떨어지게 된 것은 결코 우연이 아니었다.

블룸버그의 더 나은 세상 만들기는 뉴욕을 넘어 이제 전 세계를 향하고 있다. 그는 2013년, 세계적인 자선단체인 빌 게이츠 재단에 1억 달러를 기부하며 게이츠 부부와 함께 전 세계의 소아마비 근절을 위해 노력하겠다고 발표했다. 또 남미와 동남아시아의 식량 문제 해결을 위해 5,300만 달러를 기부했다. 블룸버그가 일평생 기부한 금액은 약 24억 달러(약 2조 4,000억 원)에 이른다고 한다.

경영학자이자 사우스 오스트레일리아대학 교수인 마크 올릿즈키(Marc Orlitzky)는 사회적 책임과 봉사를 열심히 하는 기업일수록 경쟁자보다 더 깊이 있는 시각으로 세상을 바라보게 되며, 따라서 외부 환경 변화에 민첩하게 대응할 수 있는 경영 효율성이 발생한다고 주장한다. 블룸버그 역시 기부와 헌신이 몸에 배어 있었기 때문에 세상이 꼭 필요로 하는 것이 무엇인지를 직관적으로 포착, 기업가로서는 물론 정치가로서도 성공을 거둘 수 있었던 것이다.

기부와 헌신의 정신을 바탕으로 세상이 필요로 하는 것을 찾아 채우고, 이를 통해 축적된 부가 다시 기부와 헌신으로 이어지는 선순환이 우리 사회에서도 많이 일어나기를 기대한다.

블룸버그 사는?

미국 뉴욕에 본사를 둔 블룸버그 사는 인터넷, TV 및 라디오 매체를 통해서 금융 경제 관련 정보와 뉴스를 전 세계 7개국 언어로 제공하는 글로벌 미디어 기업이다. 2015년 현재 192개의 국내외 지사에 1만 5,500명의 직원이 근무하고 있다. 대표 상품인 블룸버그 단말기는 채권, 증권, 원자재, 통화 및 펀드에 관한 약 500만 개의 세부 정보를 실시간으로 제공한다.

5
부

경영은
함께 꾸는
꿈이다

01
최종 목표는
부의 나눔

: 인포시스 테크놀로지 공동 창업자, 나라야나 무르티 :

'인도 IT 업계의 간디'라 불리는 기업인

인도의 대표적인 IT 서비스업체 인포시스 테크놀로지(Infosys Technologies, 이하 인포시스)의 공동 창업자 나라야나 무르티(Narayana Murthy)는 '인도의 빌 게이츠'이자 'IT 업계의 간디'라 불리는 인물이다.

한동안 일선에서 물러났던 무르티가 2013년 6월, 위기에 처한 인포시스를 구하기 위해 돌아왔다. 그가 물러난 2011년 이후 금융계 출신 CEO가 대신 경영을 맡았지만 주가는 15퍼센트나 떨어졌고, 성과는 기대에 미치지 못했다. 3년째 침체에 빠져 있던 인포시스가 구원투수로 다시 선택한 나라야나 무르티는 어떤 인물일까?

무르티는 1946년 인도 카르나타카의 시들라가타에서 가난한 교사 집안의 8남매 중 다섯째로 태어났다. 어렸을 때부터 총명했던 그는 아버지의 뜻에 따라 엔지니어가 되기로 하고, 인도의 최고 대학인 인도공과대학(IIT)에 합격한다. 하지만 교사 월급으로는 학비를 감당하기 어려워 진학을 포기한다. 대신 고향의 마이소르 대학에 진학해 1967년 전기공학 학위를 받은 후, 1969년 인도공과대학에서 컴퓨터 공학 석사 학위를 취득한다.

인도공과대학에서 무르티는 컴퓨터를 처음 접하게 된다. 당시 인도 대학과 미국 대학 간에는 연계 프로그램(칸푸르 인도-미국 프로그램(Kanpur Indo-American programme))이 있었는데 MIT, 버클리 대학교 등 미국의 유명 대학들이 참여했다. 그 프로그램의 일환으로 MIT가 인도공과대학에 IBM 컴퓨터를 무상으로 보내준 것이다. 컴퓨터를 처음 본 무르티는 그 매력에 흠뻑 빠져들었다.

무르티는 학업을 마치고 아메다바드 인도경영대학에서 수석 시스템 프로그래머로 일한다. 이후 프랑스의 소프트웨어 회사에서 일하며 드골 공항의 실시간 화물 관리 시스템 개발에 참여하기도 한다.

3년간 파리에서 근무하다가 귀국하여 인도에서 사업을 하기로 결정한 무르티는 1981년 아내 수다 무르티(Sudha Murthy)에게 빌린 250달러(약 1만 루피)로 6명의 동료들과 3평짜리 사무실에서 창업한다. 이 회사가 바로 2014년 기준 83억 달러(약 9조 원)의 매출에, 16만 명의 직원을 고용하고 있는 인포시스다. 무르티의 개인 재산만 해도 2조 원이 넘는다고 한다.

가난한 가정 출신으로 계급을 뛰어넘어 거부가 된 이 입지전적인 성공 스토리의 주인공에게 많은 인도인들은 열광과 존경을 보낸다. 하지만 단순히 기업을 성공시키고 거부가 되었다고 해서 국민의 존경을 받는 것은 아니다. 무르티는 자신이 쌓아 올린 부를 부지런히 나누어 더욱 존경받게 된 기업가이다.

열렬한 사회주의자에서 기업가로

무르티는 젊은 시절 한때 열렬한 사회주의자였다. 자신도 어려운 가정에서 태어났지만, 주변 이웃들의 가난이 더욱 참기 어려웠다고 한다. 특히 그를 화나게 한 것은 특권층의 사치였다. 무르티는 1960년대 많은 인도 젊은이들처럼 인도의 국부(國父) 자와할랄 네루(Jawaharlal Nehru) 총리의 사회주의에 지대한 영향을 받는다. 그리고 계획경제와 부의 분배를 통해서만 인도의 빈곤 문제를 해결할 수 있다고 믿는다.

무르티는 파리에서 지내는 동안 유럽 선진국들은 부를 먼저 창출하고 그 다음에 나눈다는 것을 알게 된다. 유럽 정부가 하는 일은 바로 국민이 부를 창출할 수 있는 환경을 만드는 것이었다. 하지만 인도에서는 의미도 없고 현실과 맞지 않는 사회주의 논쟁만 거듭되고 있었다.

사회주의 운동에 뜻을 둔 무르티는 1974년 프랑스에서 모은 돈을 전부 고아원에 기탁한 뒤 지갑에 있던 450달러만 들고 고향으로 돌아가기로 한다. 그런데 인도로 돌아가는 길에 우연히 겪은 사건으로 인해 기업가의 길로 들어서게 된다.

공산국가인 불가리아 접경 지역에서 기차를 탄 무르티가 우연히 만난 탑승객과 얘기를 나누고 있을 때 기차가 갑자기 정차하더니, 경찰들이 그 탑승객을 체포했다. 그러고는 무르티의 가방을 수색한 뒤 무르티 역시 골방에 감금했다. 스파이 혐의를 받던 탑승객과 이야기를 나누었다는 게 이유였지만 아무 설명도 듣지 못했다. 무르티는 창문이 3미터 위에나 있는 좁은 방에서 매트리스도 없이 무려 60시간이나 갇혀 있었다. 그렇게 사흘이 지난 후 그를 풀어주며 경찰은 "네가 우방국인 인도 출신이라 봐주는 거야"라고 말했다. 이 일로 무르티는 사회주의 국가의 시스템에 충격을 받는다.

> 친구를 이런 식으로 대한다면 다른 사람에게는 어떨까? 이것이 그들의 시스템이라면 나는 원치 않는다. 그때 사회주의에 대한 내 신뢰가 사라졌다. 부는 말로만 창출하는 게 아니라는 것을 알게 됐다.

약한 자의 편이 아닌 사회주의 국가의 현실을 깨달은 무르티는 조국의 빈곤 문제를 해결하기 위해서는 '부의 재분배'가 아니라 먼저 '부의 창출과 증진'이 시급하다는 사실을 절감한다. 이것이 그를 사회주의 운동이 아닌 기업가의 길로 들어서게 만든 계기였다.

글로벌 기업 반열에 오르다

인포시스는 글로벌 아웃소싱 업무를 처음 개척했다는 평가를 받는다. 불만 사항을 접수해 처리해주는 콜센터로 대표되는 아웃소싱 업무는 저렴한 인건비로 영어가 유창하고 IT 실력이 우수한 인력을 쓸 수 있는 인도에서 성공 가도를 달렸다. 인포시스는 1990년대 후반 연평균 60퍼센트 이상의 폭발적인 성장세를 보였고 1999년 인도 기업으로는 처음으로 미국 나스닥에 상장하며 글로벌 기업 반열에 올랐다.

하지만 이런 초고속 성장이 쉽게 이루어진 것은 아니다. 창업 당시만 해도 사업자금이 턱없이 부족했을 뿐만 아니라 인프라도 너무나 열악했다. IT 서비스를 하려면 컴퓨터와 전화가 필수인데 당시 인도의 상황에서는 인허가 절차가 너무 복잡하여 컴퓨터를 수입하는 데만도 1~2년이 걸렸다. 창업한 지 3년이 지나서야 처음 컴퓨터를 설치했을 정도였다. 전화를 신청하는 데도 1년이 걸리던 시절이었다.

게다가 은행에서 대출을 꺼리는 바람에 자금을 마련하기도 어려웠다. 자금 확보에 어려움을 겪던 중 무르티는 벵갈루루로 가는 비행기 안에서 우연히 한 국영투자개발 회사의 회장* 옆자리에 앉게 된다. 무르티의 사정을 들은 그 회장이 2주 만에 사업 면허를 내주어 은행 대출을 받게 된다.

* 카르나타카 산업투자개발(Karnataka State Industrial Investment and Development Corporation)의 무르티(K. S. N. Murthy) 회장으로 나중에 카르나타카 주지사가 되었다.

많은 어려움 끝에 인포시스는 1987년 첫 해외 고객으로 뉴욕의 데이터베이직(Databasics) 사와 계약을 체결하는 등 성과를 내기 시작했다. 1992년에는 보스턴에 사무실을 냈고 1993년에는 인도 증시에 상장했다. 업무 영역도 단순 아웃소싱 서비스에서 IT 인프라 서비스, 시스템 개발, 소프트웨어 개발, 컨설팅 등으로 점차 확대했다.

하지만 유사 IT 서비스업체들이 우후죽순처럼 등장하자 경쟁이 치열해졌고 고객의 요구도 그만큼 까다로워졌다. 1995년에는 한 고객사가 불리한 계약을 종용하기도 했다. 고객의 횡포라 할 수 있는 이런 상황에서 무르티는 특정 고객에게 지나치게 의존하면 안 된다는 것을 깨닫고는 리스크 방어 전략 차원에서 리스크완화위원회(Risk Mitigation Council)를 구성했다. 안정적인 매출과 이익을 내기 위해서는 고객은 물론 기술이든 국가든 한 가지 특정 요소에 지나치게 의존하지 않아야 했던 것이다. 이러한 위험 관리는 창업 이래 다양한 부침 속에서도 인포시스가 성장을 이어올 수 있었던 비결이다.

"모든 직원을 백만장자로 만들자"

무르티는 무엇보다 사람을 중시한다. 이것이 많은 인도인들이 그를 존경하는 가장 큰 이유이다. 조국의 국민들이 가난에서 벗어났으면 하는 마음에서 창업을 결심한 그였기에, 인재를 아끼고 최고의 대우를 해준다는 철학을 갖게 된 것은 너무나 당연한 일이었다. 그는 직원 교육에 공을 들이기로 유명하다. 수영장과 극장, 병원까지 갖춘 본사 시설 등 인포시스의 사원 복지는 인도 최고 수준으로 정평이 나 있다. 그래서인지 인포시스의 이직률은 15퍼센트에 불과하다고 한다. 이는 인도 IT기업의 연평균 이직률인 25퍼센트를 훨씬 밑도는 수준이다.

인포시스의 창립 이념 중 하나는 "모든 직원을 백만장자로 만들자"라는 것이라고 한다. 무르티는 나스닥 상장 이듬해인 2000년 인도 기업 최초로 직원들에게 스톡옵션을 나누어주어 많은 직원들을 백만장자로 만들며 이 약속을 지켰다. 또한 무르티는 인포시스의 성장으로 얻은 부를 꾸준히 사회에 환원하고 있다. 1996년에 설립한 인포시스 재단을 통해 전국에 1만 개가 넘는 도서관을 건립하여 컴퓨터와 책을 기부하는 등 어려운 지역사회 지원에 앞장섰다.

스스로를 "철저한 시장주의자, 자본주의자지만 온정적인 자본주의자"라고 말하는 그가 공동 창업자들에게 무엇보다 강조한 메시지는 "존경받는 기업"이 되어야 한다는 것이다.

이러한 무르티의 철학은 1998년 정립된 인포시스의 핵심가치, 'C-LIFE'에도 고스란히 녹아 있다. C-LIFE는 고객 가치(Clinet value), 솔선수범의 리더십(Leadership by example), 정직과 투명성(Integrity and transparency), 공정성(Fairness), 탁월성(Excellence)을 의미한다.

무르티 회장은 특히 경영자나 관리자들이 이러한 핵심가치 실천에 모범을 보여야 한다고 주장했다. 이 때문에 인포시스에서는 핵심가치를 위반할 경우, 아무리 사소한 일이라도 강력하게 조치한다. 실제로 우리 돈으로 4만~5만 원밖에 안 되는 택시비를 부정하게 사용한 한 핵심 프로젝트 관리자가 해고당한 사례도 있다.

무르티 회장은 2011년 인포시스를 떠날 때 직원들에게 이런 말을 남겼다.

> 배는 항구에 있으면 가장 안전하다. 하지만 그곳은 배가 있어야 할 곳 이 아니다. 배는 긴 항해를 통해 비바람을 이겨내고 목적지로 가야 한 다. 그러기 위해서는 위험을 예측하고, 그 위험을 이겨낼 대담한 행동 이 필요하다.

무에서 유를 창조한 그가, 자신이 만들어낸 성과를 인포시스의 직 원들과 인도 사회와 함께 나누는 모습에서 정말 멋진 항해사의 모습 이 보이는 것 같다.

2013년 풍랑을 만나 휘청이는 인포시스호에 다시 한 번 승선한 나 라야나 무르티는 비용 절감에 힘써 22퍼센트까지 떨어졌던 영업이익 률을 26퍼센트로 올려놓았다. 회사가 안정을 되찾자 무르티는 다시 2014년 6월 명예회장으로 물러났다.

인포시스 테크놀로지는?

1981년 인도 뭄바이에서 창업한 인도 3위의 IT 서비스 기업으로 비즈니스 컨설팅, 글로벌 아웃소싱 기업으로 유명하다. 2014년 말 기준 총매출 83억 달러를 기록했으 며 16만 5,000명의 직원이 근무하고 있다. 2015년 1월 기준 시장 가치가 425억 달 러에 달하며, 인도 상장 기업 중 6위이다.

평범함 뒤에 감춘
비범함

: 알리바바 창업자, 마윈 :

안쓰러운 2인자에서 중국 IT 업계의 기린아로

아버지에게 심한 꾸중을 들을 때마다 차마 대놓고 할 수 없는 말대답을 하기 위해 영어를 공부했고, 그 덕분에 삼수 만에 겨우 대학에 합격하여 작은 지방 대학의 영어 강사로 사회 생활을 시작한 남자가 있다. 그리고 단돈 50만 위안(약 7,000만 원)으로 중국 전자상거래 시장을 평정하고, 2009년 미국 《타임》지가 선정한 '세계에서 가장 영향력 있는 100인'에 이름을 올린 CEO가 있다. 이렇게 서로 다른 두 사람의 모습이 사실은 한 사람의 인생 스토리라면 쉽게 믿기 어려울 것이다. 하지만 이 평범하고도 드라마 같은 두 개의 인생 스토리는 모두 빌 게이츠, 워런 버핏, 손정의 등 쟁쟁한 인사들이 주목하는 중국의 IT기업인 알리바바(Alibaba)의 창업자, 마윈(馬云)의 이야기다.

어릴 적부터 공부에 취미가 없던 마윈은 삼수 끝에 입학한 항저우 사범대학(당시 항저우 지역에서 가장 낮은 수준의 대학으로, 운좋게도 정원 미달로 지원자 모두가 합격 처리되었다고 한다)을 졸업하고 1988년 대학 영어 강사로 취직했다. 중국에서 영어 번역 서비스의 수요가 증가하고 있음을 간파한 그는 1992년 퇴직 영어 교사들로 구성된 '하이보(海博) 번역사'를 설립하면서 처음으로 창업에 도전했다. 1995년 통역사 자격으로 중국 무역 대표단의 시애틀 출장에 동행하면서 처음으로 인터넷 비즈니스를 접한 마윈은 인터넷이 곧 세상을 바꿀 것이라는 확신을 갖게 된다. 그러고는 1999년 50만 위안으로 알리바바를 창업하며 무모한 도전을 시작한다.

초기에는 구글, 이베이 등 글로벌 기업들과의 경쟁에서 '노력하는 2인자', '안쓰러운 로컬 기업' 정도로 이미지가 굳어지는 듯했다. 하지만 지금 알리바바는 중국 온라인 B2B 시장의 45퍼센트, B2C 시장의 50퍼센트(티몰, 天猫), C2C 시장의 97퍼센트(타오바오, 淘寶)를 점유하는 명실상부한 중국 최대의 인터넷 기업으로 성장했다(2013년 기준). 이 같은 성공의 이면에는 어떠한 비결이 숨어 있을까?

인재 관리 비법은 '삼장법사 리더십'

마윈의 성공 비결로는 제일 먼저 그가 추구하는 리더십을 들 수 있다. 사실 마윈의 리더십은 공자의 인재 양성 핵심인 '인재시교(因材施敎, 개개인의 특성과 재목에 따라 교육을 달리한다)'의 현대판, 또는 '삼장법사 리더십'으로 묘사되곤 한다. 특히 스스로의 능력을 발휘하기보다는 손오공, 저팔계, 사오정을 각기 다른 방식으로 관리하고 다루었던 삼장법사의 인재 관리 비법에 매료되어 인재 중심의 경영 전략을 중요시했다. 마윈은 2013년 1월 4일 중국 유명 배우이자 감독인 주성치와의 TV 대담 중 다음과 같이 말했다.

> 능력은 부족하지만 강한 집념을 지닌 삼장법사, 능력은 출중하지만 실수가 많은 손오공, 게으르지만 긍정적이고 유머러스한 저팔계, 하루하루에 충실한 사오정. 이 4명은 매우 현실적이면서 가장 완벽한 팀이다.

특별히 뛰어난 능력은 없지만 "경전을 가져와야 한다"라는 막중한 사명 앞에서 뚜렷한 목표 의식을 가지고 제각각인 삼인방을 하나로 아우른 삼장법사처럼 마윈 역시 확고한 비전과 뚜렷한 목표를 제시함으로써 내로라하는 인재들을 불러 모았다.

그렇게 모인 인재들은 창업 초기부터 마윈을 도와 알리바바 성공의 조력자 역할을 톡톡히 했다. 대표적인 조력자 중 한 명이 바로 현재 알리바바의 부회장인 차이충신(蔡崇信)이다. 그는 하버드 MBA 출신으로 1998년 세계적 벤처투자 기업 인베스트AB(InvestAB)*의 홍

---

* 스웨덴 대기업 발렌베리그룹의 지주회사 겸 투자회사.

콩 지사 근무 당시 마윈을 처음 만났다. 그 후 마윈에 대한 확신 하나로 거액의 연봉을 포기하고 1999년 알리바바 창업에 합류했다. 특히 국제 규격에 부합하는 주식회사 제도에 문외한이던 마윈과 그룹을 도와 알리바바의 미국 증시 상장에 크게 기여한 것으로 알려졌다. 이 밖에도 야후 검색엔진을 개발한 전(前) 알리바바 최고기술경영자(CTO)인 우중(吳炯)을 비롯해 GE, 마이크로소프트, 레노버(Lenovo) 등 쟁쟁한 기업의 중역들이 타 기업에서 제시하는 높은 연봉과 조건을 모두 마다하고 알리바바의 비전, 특히 마윈의 리더십과 인간적인 매력에 빠져 지금까지 함께하고 있다.

마윈의 성공 비결 두 번째는 그 자신의 평범한 경력에서 찾아볼 수 있다. 지방의 한 대학에서 영어 강사로 일했고 컴퓨터에는 문외한이었던 그는 평범한 서민들의 생활을 누구보다 잘 알았고 이 점을 비즈니스에 적용했다. 아직 중국엔 자신과 같은 컴맹이 더 많다는 점과 인터넷 쇼핑이 생소한 중국인들은 사진만 보고 구매하는 데 불안감을 느낀다는 점을 파악하고, 메신저를 통해 실시간으로 판매자와 직접 상담하고 구매할 수 있는 채팅 구매 방식을 도입한 것이다. 상담은 물론 영상, 기록 저장 등의 기능을 함께 제공하여 고객의 불안감을 해소한 이 방식은 알리바바의 C2C 플랫폼 타오바오의 성공에 크게 일조한다.

본인의 평범한 이력 때문인지는 몰라도 마윈은 유명 대학을 졸업한 최고급 인재보다는 공동의 가치관을 가지고 알리바바의 기업 문화를 받아들일 수 있는 평범한 인재를 더 선호한다. 이러한 인재관에 대해 마윈은 2013년 베이징 대학 초청강연에서 다음과 같이 말했다.

> 우리는 평범한 인재를 원한다. 만약 당신이 천재라고 생각한다면 우리
> 회사를 떠나라. 반대로 특별한 재능과 학력이 없어도 책임감과 협동
> 정신만 있으면 알리바바는 환영한다.

마윈의 알리바바는 각 부서마다 군대와 유사한 관리 시스템을 만들어 신입 사원들을 육성하고, 아무리 능력이 뛰어난 사람이라도 팀의 업무에 방해가 될 경우에는 과감히 해고한다. 한때 창업을 도운 조력자들을 제쳐두고 하버드 등 유명 대학 MBA 출신 인재들을 고위 관리직으로 영입했지만, 대부분이 알리바바에 좀처럼 적응하지 못하고 무려 95퍼센트나 퇴사했다(이들 대부분은 사실상 해고되었다). 후에 이 일을 두고 마윈은 언론과의 인터뷰에서 "트랙터에 비행기 엔진을 끼운다고 해서 날 수 있는 것은 아니다. 확실히 (관리하는) 수준은 높았지만 우리와는 맞지 않았다"라고 말했다.

10퍼센트의 가능성에 도전하는 파괴적 혁신가

마지막 비결은 파괴적 혁신을 추구하는 도전 정신이다. 마윈은 과거 인터뷰에서 창업을 준비하는 청년들에게 이렇게 조언한 바 있다.

90퍼센트가 좋다고 이야기하는 방안이 있다면 나는 반드시 그것을 쓰 레기통에 갖다 버린다. 그렇게 많은 사람들이 좋아하는 아이디어라면 필시 많은 사람들이 시도했을 것이고 그 기회는 분명 우리 것이 아니 기 때문이다.

고작 10퍼센트만이 찬성하는 아이디어들을 추구하다 보니 나머지 90퍼센트의 눈에 그가 파괴적 혁신가로 비치는 것은 당연할지도 모 른다. 온라인 쇼핑몰 타오바오의 사업을 추진하는 일련의 과정은 마 윈의 도전 정신과 파괴적 혁신가의 모습이 그대로 드러나는 사례 중 하나다. 2003년 3월 마윈은 애사심이 강하고 열정이 남다른 직원 10명 을 비밀리에 불러 한마디를 남기고 사라졌다.

우리도 이베이 같은 사이트 한번 만들어봅시다.

2002년 겨우 1위안(170원)의 순이익을 낸 알리바바가 당시 C2C 시 장의 90퍼센트를 점유하고 있던 이베이에 도전한다는 것은 불가능한 일로 보였다. 하지만 무에서 유를 창조해낸 마윈의 존재 자체가 직원 들에게는 '가능성'이었다. 마윈은 흔들리지 않는 리더십으로 프로젝트 를 이끌었고, 조직원들의 능력을 최대치로 끌어올리며 현재의 성장을 이루어낼 수 있었다. 일반적으로 평가받는 위대한 도전 정신에서 한 걸음 나아가, 파괴적이고 다소 허무맹랑해 보이기까지 했던 그의 도 전 정신이 지금의 알리바바를 만든 최고의 성공 요인이 아닐까 싶다.

90퍼센트가 좋다고
이야기하는 방안이 있다면
나는 반드시 그것을
쓰레기통에 갖다 버린다.

신화 창조는 계속된다

2013년 5월 마윈은 열정을 쏟아 부었던 알리바바의 CEO를 내려 놓고 경영 일선에서 물러났다. 그는 전 직원에게 이메일을 보내 젊은 인재들(70~80세대)에게 기회를 주기 위해 타오바오 창립 기념일인 5월 10일 알리바바그룹 CEO를 사퇴하고, 그룹 회장으로서 조직 문화 개선과 인재 육성, 공익사업 등에 전념하겠다고 전했다.

1999년 작은 아파트의 낡은 소파에 18명이 둘러앉아 열정을 불태우던 창업 초기가 가장 그립다고 말하는 마윈은 자신의 경험을 공유하면서 젊은 청년들의 창업 도전을 돕기 위해 노력하고 있다.

최근 알리바바의 본거지인 중국 항저우는 일종의 '마윈 효과'로 창업 열풍이 불면서 중국의 실리콘 밸리로 부상하고 있다. 마윈 회장은 대다수 직원에게 스톡옵션을 지급했고, 은퇴자에게는 퇴직금 명목으로 주식을 챙겨주었는데, 상장 이후 대박을 터뜨린 직원들이 이를 창업자금으로 활용하여 너도 나도 스타트업 열풍에 뛰어든 것이다.

또한 마윈은 2014년 11월 1,600여 명의 전직 사우를 항저우 본사로 초청해 장기적으로 의미 있는 사업을 시작하라고 조언하며 이들의 창업을 독려하기도 했다. 이어서 2015년 1월에는 항저우에 창업자 양성 학교인 후판(湖畔) 대학을 설립하고 초대 총장을 맡아, 유망한 창업가와 기업을 발굴하기 위해 노력하고 있다. 2015년 내에 대만과 홍콩 청년들의 창업을 지원하겠다는 계획도 가지고 있어, 향후 중국 청년들이 주도하는 IT 산업을 비롯한 중소 스타트업 활성화가 기대된다.

당신이 100만 달러를 벌었다면 그것은 당신의 돈이다. 그러나 10억 달러를 벌었다면 그것은 당신의 돈이 아니다. 사회에 투자해야 하는 돈이다.

이제 그는 B2B, C2C 온라인 상거래 플랫폼의 성공 신화를 잊고, 또 한 번의 변화를 시도하고 있다. 지난 2013년 CEO 사퇴 18일 만에 물류 택배업체 '차이냐오(菜鳥)'를 설립하고, 향후 5~8년 내에 중국 전역 어디서나 24시간 안에 일일 배송이 가능한 물류 네트워크를 구축하겠다는 계획을 발표했다. 13억 인구에 광활한 토지를 보유한 중국에서 당일 배송을 실현하겠다니, 과연 그의 도전 정신과 자신감의 끝은 어디일까? 정상에 선 지금도 주저 없이 가시밭길을 선택하는 그의 과감한 발걸음이 또 어떤 기적을 만들어낼지 기대된다.

알리바바그룹은?

중국 최대의 온라인 쇼핑몰 운영사인 알리바바그룹은 2007년 중국 전자상거래 전체 시장 점유율 80퍼센트를 달성한 이후 꾸준히 1위 자리를 지키고 있다. 2014년 9월 세계 증시 사상 최고의 공모가를 기록하며 뉴욕증시에 성공적으로 상장됐고, 11월 11일 중국의 '솔로데이' 세일 행사에서는 하루 만에 571억 위안(약 10조 원)의 매출을 올려 세계의 이목을 집중시킨 바 있다.

```
┌─────────────────────────────────────────┐
│                   03                      │
│                천재를                     │
│          마음껏 놀게 하라                 │
│      : 아타리 창업자, 놀란 부쉬넬 :       │
└─────────────────────────────────────────┘
```

상업용 게임기의 아버지

1972년, 스티브 잡스는 친구 스티브 워즈니악이 만든 게임기를 들고 한 회사에 기술자로 취업했다. 당시 잡스는 히피 스타일의 옷차림을 하고 납땜도 할 줄 몰랐으나, 이 회사의 대표는 "다루기 어렵지만 귀중한" 이 직원의 비범함을 한눈에 알아보고 채용했다.

그는 1976년 스티브 잡스가 애플 컴퓨터를 설립할 때 투자자 돈 밸런타인을 소개해주고 컴퓨터의 주요 부품을 원가에 공급하기도 했다. 또 성사되지는 않았지만 스티브 잡스가 애플의 지분 3분의 1을 사달라고 제안할 정도로 신뢰했던 사람이었다. 바로 게임 산업의 아버지라고 불리는 아타리(Atari)의 창업자 놀란 부쉬넬(Nolan Bushnell)

이다.

최초의 상업용 게임기를 만들어 큰돈을 벌고 24개의 회사를 설립한 실리콘 밸리의 괴짜이자, 《뉴스위크》가 선정한 '미국을 바꾼 50인'에도 이름을 올린 놀란 부쉬넬의 게임 같은 삶에 대해 알아본다.

1943년 미국의 유타 주에서 태어난 놀란 부쉬넬은 10대 시절부터 '햄 라디오'라고 불리는 아마추어 무선 마니아였다. 취미가 전공이 되어 유타 대학교 전기공학과에 입학한 그는 MIT의 학생들이 만든 '스페이스 워'라는 컴퓨터 게임을 처음 접하게 된다.

원래 체스와 트럼프 같은 게임을 좋아했던 그는 우주선 두 대가 펼치는 단순한 슈팅 게임에 완전히 빠져들어 학업을 제쳐두고 차고에서 최초의 상업용 게임기 '컴퓨터 스페이스' 개발에 몰두한다. 게임이라는 점은 다를 바 없었지만 동전을 넣고 한다는 점과, 고가의 메인 프레임 컴퓨터 대신 비교적 작고 싼 기계에서 돌아간다는 게 차별점이었다. 조작이 어려웠던 탓에 큰 성공은 거두지 못했지만 이는 부쉬넬의 첫 번째 사업이었고, 여기서 그는 "배우기는 쉽게, 마스터하기는 어렵게"게임을 디자인해야 한다는 이른바 '부쉬넬의 법칙'을 정립하게 된다.

즐기면서 돈 버는 회사, 아타리 창업

1972년, 비디오 기기 회사를 다니던 부쉬넬은 동료 테드 대브니

(Ted Dabney)와 함께 다시금 컴퓨터 게임을 개발하기로 하고 아타리를 설립한다. 아타리는 단수(單手)의 일본어 발음으로, 그가 좋아하던 게임인 바둑 용어에서 따온 이름이었다.

그들은 앨런 알콘(Allan Alcorn)이라는 개발자를 영입하고 당시 실험적으로 제작되던 게임들을 참고하여 2인용 게임인 '퐁(Pong)'을 만들었다. 다이얼을 돌려서 공을 받아치는 일종의 탁구 게임인 퐁은 술집같이 사람들이 많이 모이는 곳에 설치되었는데, 설치하자마자 고장이 났다고 해서 가보면 동전이 가득 차 있을 정도로 엄청난 인기를 끌었다.

몇 달 만에 1만 대 가까이 팔리며 큰 성공을 거둔 퐁은 새로운 게임기 시장의 서막에 불과했다. 부쉬넬은 TV와 연결해서 게임을 할 수 있는 가정용 퐁 개발에 박차를 가해 1974년 크리스마스 시즌부터 판매를 시작했는데, 다음 해까지 15만 대가 판매되는 기염을 토했다.

그 뒤로도 4인용 퐁, 혼자서 하는 벽돌 깨기 등 다양한 제품을 개발하면서 아타리는 많은 엔지니어들을 새로 채용했다. 그 과정에서 인재가 스스로 찾아오게 만드는 부쉬넬의 능력은 빛을 발했다. 그는 회사의 로비를 게임 아케이드로 꾸미며 "즐기면서 돈을 버는 곳"이라고 적어 놓고, 금요일에는 맥주 파티를 열어 직원들과 함께 즐기며 창조적인 분위기를 이끌었다.

다소 엉뚱해 보이지만 여기에는 학벌이나 자격증이 아니라 '일을 즐길 줄 아는 열정'을 우선시하는 부쉬넬의 인재 철학이 담겨 있었다. 직원들의 취미 생활을 장려하고 자기만의 공간을 제공하자 아타리는 엔지니어들의 핫 플레이스가 되었다. 스티브 잡스와 스티브 워즈니악을 비롯해 숨은 실력자들이 모여들었고 아타리는 명실공히 최고의 게임 회사로 발돋움했다.

유능한 직원들의 창조성을 이끌어내기 위해 부쉬넬은 규칙을 유연하게 적용하고 일터에 약간의 무질서를 허용했다. 보안상 회사 내 철야 작업은 금지했으나 스티브 잡스와 워즈니악이 일하다 회사에서 자겠다고 요구하자 이를 허용하고 화장실에 샤워기까지 설치해주었다. 한 유능한 엔지니어가 사무실에 개를 데려오겠다고 고집을 부리자 규칙을 완화하고 나중에는 그 개에게 사원증을 발급해준 일도 있다.

또한 직원들이 자신의 장난감을 자유롭게 회사에서 가지고 놀 수 있도록 해주고 회의실에도 게임과 퍼즐 등을 비치해두었다. 아타리의 히트 상품인 8인용 레이싱게임 '인디 800'은 사내 게임 룸에서 직원들이 게임을 하다가 개발했다.

그러던 1976년, 부쉬넬은 아타리를 워너 커뮤니케이션스에 매각하고 2년 후 새로운 아이디어를 사업에 옮기기 위해 회사를 떠난다.

창업한 회사만 24개, 괴짜의 도전은 멈추지 않는다

그가 세 번째로 창업한 회사는 엉뚱하게도 음식점 체인이었다. 피자를 먹으면서 비디오 게임도 할 수 있는 식당이었는데, 아타리 게임의 유통 창구 역할도 겸했다. 아이와 부모가 함께 게임을 즐길 수 있는 부쉬넬의 '처키치즈 피자(Chuck E. Cheese's Pizza Time Theatre)'는 일반적인 피자헛 매장에 비해 매출이 5배나 높았다.

한편 미래의 컴퓨터 기술에 대한 관심을 거두지 않았던 그는 벤처 캐피털인 캐털리스트 테크놀로지(Catalyst Technologies)를 설립하여 혁신적인 회사들을 육성했다. 그중 하나인 이택(Etak)은 디지털 지도를 내장한 미국 최초의 자동차 내비게이션을 만들었고, 이 지도는 오늘날 구글맵의 기반이 되었다.

1983년은 부쉬넬의 인생에서 커다란 전환기였다. 그가 떠난 이후로도 한동안 승승장구하던 아타리가 비디오게임 산업의 과열로 위기를 맞은 것이다. '아타리 쇼크'라고도 불리는 시장 붕괴로 인해 아타리는 1984년 결국 분할 매각되고 미국의 게임기 시장은 긴 침체기에 들어섰다. 같은 시기, 음식점 사업도 지나친 확장과 시장의 포화가 겹쳐 어려움을 겪다가 이듬해 파산하면서 부쉬넬에게 엄청난 금전적 손실을 안겼다.

하지만 그 와중에도 유망한 스타트업을 찾아 창조적인 아이디어를 실현하려는 그의 노력은 멈추지 않았다. 막대한 빚을, 자신의 재산과 투자한 회사의 수익으로 충당해 나가며 2000년에는 터치스크린을 갖춘 인터넷 게임기를 식당에 도입하는 등 여러 사업을 시도한 끝에 그는 재기에 성공한다.

성공과 실패를 반복하면서도 도전을 멈추지 않던 놀란 부쉬넬. 그가 지금까지 창업한 회사만도 무려 24개에 달한다. 자신을 괴짜라고 부르는 사람들을 향해 부쉬넬은 이렇게 이야기한다.

당신이 원하는 것이 성공이라면 가능한 한 많은 아이디어들을 행동에 옮겨라. 일부는 실패하여 대중의 기억에서 빠르게 사라질 것이다. 하지만 성공한 아이디어는 사업의 궤도 자체를 바꿔놓을 수 있고 당신을 한 단계 높은 곳으로 도약시킬 것이다.

그는 70세가 넘은 현재까지도 '브레인러시(BrainRush)'라는 회사를 설립하는 등 여전히 활발한 활동을 하고 있다. 위험을 무릅쓰고 혁신을 추구했던 부쉬넬의 삶에는 수많은 성공과 실패가 교차하지만, 무질서와 우연을 포용하며 실패를 두려워하지 않았던 그의 모험 정신이야말로 실리콘밸리의 정신이 아닐까?

아타리는?

1972년 미국의 놀란 부쉬넬이 창업한 비디오게임 회사. 최초의 동전 게임기 '퐁' 등 상업용 및 가정용 게임기를 출시하며 비디오게임 산업을 선도했다. 1976년 워너 커뮤니케이션스에 인수되었고 한때 연 매출이 4억 달러를 넘었으나 1983년 이후 사업 부진으로 분할 매각되어 현재는 이름만 남은 상태. '아타리'라는 회사 명은 바둑 용어 '단수(單手)'의 일본어에서 따왔다.

04

세계 기타 시장을 석권한
'행복한 최고'

: 후지겐 회장, 요코우치 유이치로 :

음악의 문외한, 악기 시장에 진출하다

CEO가 갖춰야 할 덕목에는 어떤 것들이 있을까. 현실에 안주하지 않는 도전 정신, 역경을 딛고 일어서는 용기, 그리고 직원들을 동반자로 여기는 인간애 등을 꼽을 수 있을 것이다.

여기 이 모든 것을 갖춘, 마치 만화에나 등장할 법한 CEO가 있다. 미국의 깁슨(Gibson) 등 세계 최고의 전자기타 브랜드와 어깨를 견주는 일본의 악기회사 후지겐(Fujigen)의 창업자 요코우치 유이치로(橫內祐一郎)가 그 주인공이다.

제2차 세계대전이 끝난 직후인 1947년, 20세가 된 요코우치에게는 악기와는 전혀 상관없는 미래가 시작되고 있었다. 농지 몰수를 피하기 위해 대학을 포기하고 가업인 농업에 뛰어든 것이다. 학업에 대한 미련이 컸던 그에게 농사일이 재미있을 리 만무했다. 농사에서 어떻게 재미를 찾을 수 있을까 고민하던 그는 "일본에서 최고 매출을 올리는 영농인이 되자"라는 목표를 설정한다. 목표가 생기니 씨앗 고르는 법, 씨 뿌리고 비료 주는 법, 소독 등에 관한 전문 서적을 읽으며 연구하는 것이 재미있게 생각되었고 농작물에 대한 애정과 열정도 생겼다. 그 결과 농작, 축산, 원예 등 손대는 것마다 성공하며 정말 일본에서 최고 매출을 올리는 농업인의 꿈을 이루게 된다.

그렇게 전도유망한 영농인으로 살아가던 요코우치는 32세가 되던 어느 날, 도쿄 대학 농학부에서 열리는 한 교수의 강연을 들으러 간다. 농업의 미래에 대한 이야기를 들을 수 있겠거니 잔뜩 기대하고 간 자리에서 그는 "앞으로 공업이 중요한 시대가 오니 젊은 사람들은 농사지을 생각을 말고 도시에 가서 일하라"라는 황당한 이야기를 듣게 된다. 영농인의 한 사람으로 화가 치미는 와중에서도 그의 가슴 깊은 곳에서는 무언가 새로운 힘이 용솟음쳤다. 바로 '도전'이라는 이름의 에너지였다.

결국 그는 12년을 종사한 농업을 떠나 공업인의 길을 선택한다. 평소 클래식 음악을 좋아하던 요코우치는 1960년 외양간을 개조해 바이올린과 클래식 기타를 만드는 공장을 열었다. 친구로부터 소개받은 미무라 유타카와 10명의 직원들이 함께했다. 외양간의 소들은 팔아서 100만 엔의 자본금을 마련하는 데 보탰다. 미무라가 사장을, 요코우치가 전무 이사를 맡았고 회사 이름은 세계 정상이 되자는 뜻으로 후지산의 이름을 따 '후지겐'이라고 정했다. 회사 설립 직후 비틀스가 인기를 끌면서 기타의 인기가 높아지자 곧 바이올린보다는 기타에 전념하기 시작했다.

직원들과 밤낮으로 땀을 흘린 끝에 드디어 기타 시제품을 만들어 낸 요코우치는 직접 악기 판매점을 찾아다니며 영업에 나섰다. 결과는 기대 이상이었다. 보는 사람마다 후지겐의 기타를 호평하며 주문을 한 것이다.

그러나 너무 욕심을 부린 탓일까. 무리한 주문량을 소화하기 위해 급하게 생산량을 늘렸다가, 1차로 납품한 기타가 모두 반품되는 사태가 발생했다. 기타의 음정이 맞지 않았던 것이다. 설상가상으로 반품된 기타들이 비를 맞는 바람에 모두 폐기할 수밖에 없었다. 좌절이 밀려왔지만 요코우치는 처음부터 시작하겠다는 마음으로 음계부터 새로 배우며 다시 기타를 만들었다. 그렇게 거듭난 후지겐의 기타는 수입 기타와 견주어도 손색이 없다는 평가를 받으며 다시 팔려 나가기 시작했다.

좌절의 순간에 찾아온 기적

후지겐이 승승장구하자, 미무라와 요코우치는 미국 시장에 진출하기로 마음먹는다. 1964년 요코우치는 기타 여덟 대와 500달러를 들고 뉴욕행 비행기에 오른다. 그런데 문제는 요코우치가 영어를 전혀

할 줄 몰랐다는 것이다. 일본에서처럼 악기점마다 무작정 들어가봤지만 미팅 약속 하나 잡지 못하고 문전박대당하기 일쑤였다.

햄버거 하나로 하루를 연명하며 그렇게 어영부영 시간만 보내던 어느 날, 돈도 의욕도 체력도 바닥나 좌절감에 빠진 요코우치는 뉴욕 센트럴파크에서 어머니를 생각하며 통곡했다. 바로 그때 기적이 일어났다. 한 백발의 신사가 다가와 대체 왜 이렇게 우느냐고 물은 것이다.

요코우치는 "아이 돈 해브 비즈니스(I don't have business), 아이 돈 해브 컨버세이션(I don't have conversation)"이라고 더듬더듬 대답했다. 노신사는 그런 그를 빤히 쳐다보더니 무슨 생각이었는지 요코우치를 자신의 집으로 데려가 음식과 따뜻한 잠자리를 제공해주었을 뿐만 아니라 기초 회화까지 가르쳐주었다.

그렇게 보름 정도가 지난 후, 요코우치는 다시 거리로 나섰다. 체력과 함께 의욕도, 자신감도 되살아났다. 그는 전화번호부에 적힌 악기상들의 번호로 무작정 전화를 걸었다. 그리고 마침내 미국에서 첫 미팅 약속을 잡고 300대의 주문을 받아내는 데 성공했다. 뉴욕에서의 성공에 고무되어 보스턴, 워싱턴, 필라델피아 등지로 돌아다니며 주문을 따냈고 재즈의 도시 뉴올리언스에 도착했을 때, 후지겐의 역사에 큰 획을 긋는 사건이 일어난다. 그곳에서 당시 재즈 기타의 신이라 불리던 조지 벤슨의 거리 공연을 접하게 된 것이다. 이 기회를 놓치면 평생 후회하겠다 싶었던 요코우치는 갖은 노력을 다한 끝에 벤슨과 인사를 나누고 교류의 발판을 마련한다.

이때의 인연으로 후지겐은 1970년대 후반 일본 기타 브랜드 아이

바네즈(Ibanez)가 조지 벤슨의 이니셜을 따 출시한 기타 'GB'의 제작을 맡게 된다. 당시 조지 벤슨이 이를 지미 카터 대통령에게 선물하면서 후지겐은 세계적인 명성을 얻었다.

후지겐에도 위기는 있었다. 미국에서 첫 주문을 받은 후 몇 년 지나지 않아 전 세계 45개국에 사무소를 세우며 일본 최고의 기타 제작사로 자리매김했을 즈음이었다. 1960년대 후반 기타의 인기가 높아지자 일본에 제조업체들이 난립하면서 경쟁이 심화되었다. 후지겐이 위치한 나가노 현 마츠모토 지역에서만 50개 이상의 업체가 파산했을 정도였다. 이 와중에 미무라 사장은 침대, 테이블 등의 목공 제품 제작을 시작했는데 이것이 패착(敗着)이었다. 무리하게 사업을 확장하느라 끌어들인 자금이 곧 막대한 빚으로 돌아왔다. 동업자의 무모한 사업 확장이 실패로 돌아가자, 전무 이사였던 요코우치 유이치로는 물러난 사장 대신 후지겐을 다시 일으켜 세워야 했다.

위기 극복의 동력은 인간 중심 경영

1969년 요코우치가 사장을 맡은 후에도 상황은 나아지지 않았다. 1970년대 초 오일 쇼크의 여파로 수출 기업이던 후지겐도 휘청거릴 수밖에 없었다. 몇 년 동안 위기가 계속됐지만 요코우치는 한 사람의 직원도 감원하는 일 없이 회사를 살리기 위해 고민했다. 생산량을 늘리는 것은 불가능하니, 품질을 높인 뒤 그에 합당한 가격에 팔아 매출

바로 사람을 만드는 것입니다.
이 공장은 사람을
만드는 공장입니다.
훌륭한 사람을 만들면,
그 훌륭한 사람들이
기타를 만듭니다.

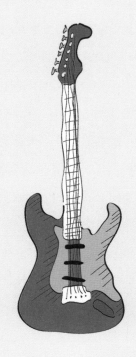

을 늘리기로 사업 전략을 바꿨다. 10년 넘게 박리다매로 만들어왔던 기타를 최고급으로 탈바꿈시키기 위해서는 무엇부터 해야 했을까.

요코우치는 먼저 "세계 최고의 기타를 만들자"라는 회사의 미션을 수립한다. 그리고 제품이 최고가 되려면 그것을 만드는 사람들도 최고가 되어야 한다는 생각에, 대규모 적자에도 불구하고 전 직원의 급여를 업계 최고 수준으로 인상했다. 회사의 경영 악화로 불안해하던 직원들의 마음이 하나로 모아졌고 열정과 사기도 올라갔다. 후지겐은 불과 1년 만에 적자에서 흑자로 돌아섰다.

이 일로 요코우치는 경영진의 책임감과 기업 문화의 중요성을 절감한다. 그래서 좋은 기업 문화를 만들기 위해 직원들로 이루어진 위원회들을 만들었다. 에티켓위원회, 청소위원회, 급여위원회 등 그 종류도 다양했다. 그중 인사위원회에서는 "세계에서 가장 기분 좋은 인사를 하자"라는 취지로 더 좋은 인사법을 연구했다고 한다.

이러한 환경에서 후지겐의 직원들은 에너지 넘치는 모습으로 성실히 일했고, 요코우치 역시 이에 화답했다. 쾌적한 공장 환경 조성, 직원 복지를 위한 후생관 건립, 단 한 명의 인원 감축도 없는 평생직장 공표 등 사람 중심 경영을 펼쳐 나갔다. 회사를 도산 위기에서 살려내 세계 최고 기업으로 성장시킬 수 있었던 것은 직원들의 능력과 애사심 덕분이었다고 믿었기 때문이다.

전 세계 뮤지션들이 사랑하는 명기(名器)로 거듭난 후지겐, 어느 날 후지겐을 벤치마킹하기 위해 미국의 한 경쟁사에서 요코우치를 찾아왔다. 회사를 경영함에 있어 가장 중요하게 생각하는 것은 무엇이냐는 질문에 요코우치 회장은 이렇게 대답했다.

바로 사람을 만드는 것입니다. 이 공장은 사람을 만드는 공장입니다. 훌륭한 사람을 만들면, 그 훌륭한 사람들이 기타를 만듭니다.

음악에 문외한이었고 경영을 제대로 배운 적도 없지만 도전 정신과 열정, 그리고 인간애를 통해 기타로 세계 시장을 석권한 요코우치 유이치로. CEO의 모범답안이자 오래도록 회자될 전설의 CEO가 아닐까 싶다.

후지겐은?

1960년 바이올린, 클래식 기타 제조업체로 출발하여 1962년부터 전자기타를 생산하기 시작했다. 1970년대부터 아이바네즈, 야마하, 펜더 등 세계 유명 브랜드의 기타를 OEM 생산해왔다. 1977년에는 롤랜드와 조인트벤처 후지 롤랜드를 설립해 세계 최초의 기타 신시사이저를 개발하기도 했다. 2009년에는 해외용 브랜드 FGN을 발족했다.

05
성공의 비결을
아는 남자

: 자포스 CEO, 토니 셰이 :

33세에 억만장자가 된 천재 사업가

이 글의 주인공은 경력이 매우 특이하다. 어려서부터 공부보다 돈
버는 일에 관심이 많았으면서도 성적도 뛰어나 UC버클리, 스탠퍼
드 대학교, MIT, 예일 대학교, 하버드 대학교 등 지원한 모든 학교에
서 합격 통지서를 받았다. 그중 하버드 대학교를 골라 진학한 그는
최대한 학교 생활을 즐기다가 연봉 높고 좋은 직장을 잡겠다는 목표
를 손쉽게 달성한다. 동년배들보다 1.5배 높은 연봉을 받고 오라클
(Oracle)에 입사한 것이다.

하지만 그것도 잠시, 오라클에서의 업무가 너무 쉬워 그는 부업으
로 인터넷 서비스 회사를 시작했고 입사한 지 1년도 되지 않아 본격

적으로 회사를 키우기 위해 오라클을 나온다. 그리고 창업 2년 만에 이 회사를 마이크로소프트에 2억 6,500만 달러에 팔아 24세에 백만장자가 된다. 그리고 그 돈을 다시 작은 벤처회사에 투자해 그 회사를 세계적인 온라인 신발 판매 회사로 키운다. 그 회사 역시 아마존에 높은 가격으로 매각해 33세에 억만장자가 되지만 아직도 그 회사의 CEO로 일하고 있다.

이 행운의 사나이는 바로 젊은 천재 사업가이자 '일하기 좋은 기업'의 대명사 자포스(Zappos)의 CEO 토니 셰이(Tony Hsieh)다.

토니 셰이의 인생 이야기를 살피다 보면 "정말 이런 인생도 있구나" 싶어 감탄이 나올 정도다. 토니 셰이는 도대체 어떻게 보통 사람은 일생에 한 번 달성하기도 어려운 일을 몇 번이나 성공적으로 해낼 수 있었을까?

토니 셰이는 어렸을 때부터 돈 버는 일에 관심이 많았다. 9세 때부터 크리스마스카드 판매, 지렁이 농장 등 여러 사업 아이디어를 실행에 옮겼고 중학교 때는 통신판매로 핀 버튼을 팔아 월 200달러의 수입을 올렸다. 이렇듯 다양한 사업을 경험하는 동안 그는 성공하기 위해서는 자신의 능력뿐 아니라 주변에 있는 모든 리소스를 최대한 활용해야 한다는 중요한 교훈을 배웠다.

토니 셰이가 하버드 대학교에 다닐 때의 일이다. 그는 친구들과 어울리느라 수업에 거의 들어가지 못했다. 특히 성서학 수업은 교과서를 펼쳐본 적도 없어 기말고사를 치를 생각을 하니 눈앞이 캄캄했다. 기말고사 2주 전에 교수님이 예상문제 100개를 적은 목록을 돌렸지만 도저히 2주 안에 공부할 수 없는 양이었다. 고민하던 그는 기막힌 아이디어를 생각해냈다.

일단 교내 통신망에 접속해서 전자 게시판을 개설하고 성서학을 수강하는 모든 학생들은 스터디 그룹에 들어오라는 메시지를 올렸다. 그리고 관심을 보인 학생들에게 "예상문제 100개 중 각각 세 가지씩 공부해서 답안을 보내면, 제출한 학생에 한해 모든 답안을 취합한 제본 노트를 20달러에 판매하겠다"라고 제안했다. 많은 학생들이 답안을 보내오기 시작했다. 특히 같은 주제에 대해 여러 가지 답을 보내와 토니 셰이는 이 자료를 토대로 기말고사에서 좋은 성적을 받을 수 있었다. 또 적지 않은 수입도 올렸다.

주변 자원을 효과적으로 활용하는 토니 셰이의 전략은 자포스 경영에도 그대로 적용됐다. 온라인 쇼핑의 핵심이라 할 수 있는 고객의 신뢰를 얻기 위해 자포스 본사를 캘리포니아 주 샌프란시스코에서 라스베이거스로 이전한 것이다. 고객 응대를 담당하는 콜센터 직원을 충분히 확보하기 위해서였다. 샌프란시스코는 물가가 매우 높았기 때문에 콜센터 일을 정식 직업을 얻기 전 잠시 거쳐가는 아르바이트 정도로 여기는 경우가 많았다. 반면 라스베이거스에서는 적절한 임금에 즐겁게 일할 직원들을 충분히 확보할 수 있었다. 좋은 직원을 확보하여 고객 응대에 최선을 다하도록 한 토니 셰이의 전략이 적중하면서 자포스는 고객을 감동시키는 회사로 이름을 떨쳤다.

아마존이 최고가에 인수한 '가장 일하고 싶은 회사'

그는 또한 실수에서 얻은 교훈을 잊지 않았다. 1996년 오라클에서 나온 토니 셰이는 인터넷 서비스 회사 링크익스체인지(Link Exchange)를 설립한다. 링크익스체인지는 자신의 웹사이트에 광고 배너를 실어주는 대가로 다른 사람의 사이트에서 무료 광고를 할 수 있는 서비스였는데, 출시 직후부터 반응이 폭발적이었다. 게다가 실리콘밸리의 전설적 투자자 제리 양(Jerry Yang)이 투자를 제안해오면서 그야말로 '핫'한 벤처 기업으로 떠올랐다.

혈기왕성한 젊은이들이 앞을 다투어 지원했고, 창립 초기 단 2명이었던 직원 수는 2년 만에 100여 명으로 늘어났다. 그런데 토니 셰이는 여기서 큰 실수를 한다. 회사를 키우는 재미에 빠져 철저한 검증 없이 사람을 마구 뽑은 것이다. 어느 날 눈을 떴을 때 그는 자신의 회사가 사내 정치와 자리싸움이 난무하는 '더 이상 가고 싶지 않은 곳'으로 변해 있음을 깨달았다. 결국 그는 링크익스체인지에 관심을 보이던 마이크로소프트에 2억 6,500만 달러를 받고 회사를 매각한 뒤 대표 자리에서 물러났다.

링크익스체인지에서의 뼈아픈 경험은, 그가 자포스를 이끌어갈 때 유용한 약이 되었다. 자포스에서 토니 셰이는 특히 채용에 심혈을 기울였다. 뽑을 때부터 지원자가 업무에 필요한 능력과 경력을 가졌는지 검증하는 절차와, 회사의 문화와 잘 맞는지 판단하는 절차를 모두 거치도록 했다. 또 신입사원들은 교육기간 첫 주에 한 가지 제안을 받게 되는데 바로 4주의 교육기간이 끝나기 전에 자포스가 자신에게 맞지 않다고 생각되면 2,000달러를 받고 회사를 떠날 수 있다는 것이었다. 여기에는 "월급 때문만이 아니라 그 이상의 이유로 자포스에서 일하고 싶어 하는 사람들을 뽑겠다"라는 토니 셰이의 철학이 담겨 있었다. 그리고 이런 노력을 통해 자포스는 '가장 일하고 싶은 기업'의 대명사로 자리 잡게 되었다.

토니 셰이는 "브랜드란, 기업 문화가 시간을 두고 체현되는 것"이라고 말한다. 단순히 이미지만을 통해 만들어진 브랜드는 고객에게 오랫동안 신뢰를 받을 수 없다는 게 그의 믿음이다. 따라서 그는 고객을 감동시키는 브랜드를 만들기 위해 먼저 직원부터 감동시키는 회사를 만들기로 한다.

모든 콜센터 직원을 정직원으로 채용하고 간부들에게는 업무 시간의 20퍼센트 이상을 팀원들의 고충을 해결하는 데 쓰도록 지시했다. 또 직원들에게는 폭넓은 재량권을 부여했다. 직원들을 평가할 때도 고객 대응 건수나 매출 연결 건수가 아닌 "고객을 얼마나 만족시켰는가"로 평가했다. 그러자 직원들은 정말로 고객을 감동시키는 특별한 '자포니언'이 되었다.

자포스의 한 직원이, 고객이 제때 반품을 하지 못한 이유가 어머니가 돌아가셨기 때문이라는 것을 알고 병원으로 꽃다발과 반품 처리를 도와줄 택배사 직원을 보냈다는 이야기는 자포스를 이야기할 때 빠지지 않고 등장하는 일화다.

이러한 조직 문화에 감동한 아마존의 CEO 제프 베조스(Jeff Bezos)

성공을 위해서는 자신의 능력뿐 아니라
주변에 있는 모든 리소스를 최대한 활용해야 한다.

는 2009년 아마존의 M&A 금액 중 최고가인 12억 달러(약 1조 3,000억 원)에 이 회사를 인수했다. 그리고 토니 셰이에게 자포스를 계속 경영해줄 것을 요청하고 독립적 경영을 보장했다.

황폐한 구도심을 창의와 혁신이 넘치는 도시로

토니 셰이는 이렇게 그의 인생에서 배운 성공과 실패를 잊지 않고 계속 적용하며 성장해왔다. 그리고 최근에는 그 능력을 돈 버는 데만 쓰는 것이 아니라 세상을 좀더 살기 좋은 곳으로 만드는 데 활용하고 있다.

자포스 매각 대금 중 3억 5,000만 달러(약 4,000억 원)를 투자하여 황폐화된 라스베이거스의 구도심 개조 프로젝트를 시작한 것이다. 이때 그가 투자한 돈 중 2억 달러는 땅과 건물 매입에, 5,000만 달러는 레스토랑 같은 스몰 비즈니스에, 5,000만 달러는 교육과 문화에, 5,000만 달러는 스타트업 투자에 사용되었다.

그는 라스베이거스에 '다운타운 프로젝트(Downtown Project)'라는 회사를 세우고 동네 주민들, 청년 기업가들과 함께 스타트업 공동 작업장, 월 80달러만 내면 24시간 무제한 진료와 상담을 받을 수 있는 병원, TED 강연이 계속되는 극장 등을 건설했다.

토니 셰이는 자포스를 경영하면서 체득했던 '사람'과 '문화'의 중요성을 도시를 살리는 데도 적용했다. 그래서 멋진 건물을 세우는 대신 기존 건물을 보수하고 그곳에 예술가들과 청년 기업가들을 불러 모았다. 그 결과 황폐했던 라스베이거스는 '창의'와 '혁신'이 넘치는 도시 공동체로 변화하고 있다.

이런 토니 셰이의 행보를 보면 성공의 종착지는 돈이나 명예는 아니라는 확신이 든다. "월급 이상의 이유로 일하고 싶어 하는 사람을 뽑겠다"라는 철학은 토니 스스로에게도 예외가 아닌 것이다. 자신의 한계에 대한 도전, 좀더 나은 세상을 만들겠다는 열망 등 동인(動因)은 다르지만 그를 통해 많은 사람과 꿈을 공유하고 이루어나가는 기쁨이야말로 위대한 리더들이 달성하려는 최종 목표가 아닐까?

자포스는?

1999년 설립된 세계적인 온라인 신발 판매 회사. 고객이 원하면 경쟁사의 신발도 배달해주는 탁월한 서비스로 고객들의 신망을 얻었다. 고객만 우대하는 것이 아니라 직원을 배려하는 것으로도 유명하다. 모든 콜센터 직원을 정직원으로 채용하고 간부들에게는 업무 시간의 20퍼센트 이상을 팀원들의 고충을 해결하는 데 쓰도록 지시하는 등 독특한 기업 운영으로 2014년《포천》이 선정한 '일하기 좋은 100대 기업' 중 38위에 이름을 올렸다.

06
위대한 경영자의
탄생

: 디스커버리 커뮤니케이션스 창업자, 존 헨드릭스 :

다큐멘터리에 마음을 빼앗긴 청년

유선방송을 통해 디스커버리 채널을 접한 사람은 많지만, 이 회사
가 현존하는 세계 최대의 TV 방송사라는 사실을 아는 사람은 그리
많지 않을 것이다.

미국 메릴랜드에 본사를 두고 있는 디스커버리 커뮤니케이션스
(Discovery Communications)는 현재 215개국에 45개 언어로 19억 명
의 시청자에게 프로그램을 송출하고 있다(2012년 기준). 매년 42억 달
러 이상의 매출을 올리고 있으며, 시가총액은 230억 달러 이상으로
미국의 4대 방송사인 ABC, CBS, NBC, FOX보다도 규모가 크다.

놀라운 것은 이 회사가 다큐멘터리에 특화된 방송으로, 다큐멘터

리 하나만으로 이러한 성장 가도를 달려왔다는 점이다. 이 특이한 회사의 창업자는 호기심으로 충만한 인생을 살고 있는 존 헨드릭스 (John Hendricks)다.

존 헨드릭스가 자신의 사업을 성장시킨 과정은 그야말로 위대한 경영자의 탄생 과정 그 자체라고 할 수 있다.

우선, 위대한 경영자들은 대부분 본격적으로 사업을 시작하기 전 자신의 기량을 연마하고 완성하는 시간을 가졌다는 공통점이 있다. 빌 게이츠의 경우 고등학교 시절에 컴퓨터를 처음 접한 후 완전히 마음을 빼앗겨 20세 무렵 이미 프로그래머로서 많은 시간을 보냈다는 것은 잘 알려진 이야기다.

존 헨드릭스도 마찬가지였다. 그는 어린 시절부터 TV 자체에 열광적인 신비감을 가지고 있었다. 특히 뉴스와 역사, 과학 다큐멘터리에 깊은 관심을 보였다. 그중에서도 칼 세이건(Carl Sagan)의 〈코스모스(Cosmos)〉를 재미있게 보았고, 특히 그가 중학교 때 시작하여 대학생 때 끝난, 월터 크롱카이트(Walter Cronkite)가 진행하는 역사 다큐멘터리는 빠지지 않고 시청했다고 한다.

이 과정에서 그는 영화만을 방영하는 채널이 있듯이, 다큐멘터리만을 방영하는 채널이 있으면 어떨까 하는 생각을 하게 되었다고 한다. 헨드릭스는 2013년에 펴낸 그의 자서전 《디스커버리》에서 어린 시절부터 그를 사로잡았던 꿈과 경험이 모여 사업 아이디어로 구체화되는 과정을 다음과 같이 묘사했다.

다큐멘터리에 특화된 채널이라는 이 참을 수 없는 아이디어는 웨스트 버지니아에서 꼬마인 내가 TV를 처음 본 순간, 앨라배마에서 소년인 내가 로켓이 발사되고 과학 연구가 진행되는 것을 목격한 순간, 그린벨트에서 청년이 된 내가 케이블 TV를 시청한 순간, 그리고 사회 생활 초창기의 내가 미디어를 검토한 순간들이 모두 모여 만들어진 산물이다.

다큐멘터리에 마음을 빼앗긴 존 헨드릭스는 다른 직업에 종사할 때도 그와 관련된 준비를 차곡차곡 이어갔고, 이렇게 준비한 재료들은 후에 자신의 꿈을 실행에 옮기는 데 큰 힘이 되었다.

사업은 숫자로 하는 게 아니라 인간이 하는 것

다음으로 위대한 경영자의 탄생은 사업의 인간적 측면을 이해할 수 있을 때 가능하다. 모든 사업은 논리로만 굴러가는 게 아니기 때문이다.

사업 초기, 자신의 집을 거의 전액 담보로 잡고 아이 교육보험금까지 털어서 마련한 13만 달러를 모두 소진한 존 헨드릭스는 마지막으로 남은 현금 551달러와 아내의 신용카드 한 장으로 버티고 있었다. 직원의 출장비조차 끝자리 수까지 맞추어야 했던 그때, 부하 직원이자 동업자가 개인 재산을 헐어 5만 달러짜리 수표를 내밀었다. 그 돈을 받아든 헨드릭스는 그만 눈물을 터뜨리고 말았다. 아마 직접 사업을 해본 사람이라면 이때 헨드릭스가 느낀 감정을 충분히 짐작할 것이다. 헨드릭스는 이 순간을 이렇게 표현했다.

> 사업이나 기업가 정신을 말할 때 숫자가 중심이 되는 경우가 너무나 많다. 우리가 자주 잊고 지내는 것이 바로 이쪽 세계의 인간적 측면이다. 고결함, 품위, 용기, 신뢰와 같은 것들이 빛을 발하는 그 눈부신 순간이야말로 비즈니스의 세계를 진정 가치 있게 만든다.

또한 중요한 의사 결정에 직면하여 초심으로 돌아갈 수 있는 사람만이 위대한 경영자가 될 수 있다. 경영자는 평상시 사업을 하는 이유, 즉 사업의 미션을 개의치 않고 지내는 경우가 많다. 헨드릭스의 교훈은 가장 중요한 의사 결정을 할 때는 이 부분을 돌아봐야 함을 일깨워준다.

1980년대 말 디스커버리 커뮤니케이션스의 국내 사업이 안정되자 유럽 시장 진출을 둘러싸고 이사회의 의견이 팽팽하게 대립했다. 한 쪽은 벤처 캐피털을 대표하는 이사들이었고, 다른 쪽은 케이블 사업자를 대표하는 이사들이었다. 벤처 캐피털 쪽은 무리한 투자를 하기보다는 이익을 지켜 상장을 한 이후 자금이 유입되면 투자를 재개하자는 입장이었고, 케이블 사업자 쪽은 기회는 다시 오지 않으니 지금 즉시 시작해야 한다는 입장이었다. 가운데서 갈등하던 헨드릭스는 애초 자신이 이 사업을 왜 시작했던가를 되돌아보았다.

> 나는 꿈을 실현하기 위해 디스커버리를 만든 것이지, 빨리 부자가 될 심산으로 회사를 세운 게 아니었다.

마침내 케이블 사업자 측 이사들과 헨드릭스는 상장 시 벤처 캐피털 측이 얻을 것으로 예상되는 가격으로 그들의 지분을 매입함으로써 갈등을 마무리했다. 단기적 이익보다 장기적 성장을 택했던 것이다.

호기심과 탐험 정신이 브랜드 정체성

마지막으로, 위대한 경영자는 성장의 고비에서 브랜드 정체성을 지킬 수 있어야 한다. 다큐멘터리 전문 채널의 특성을 유지하는 디스커버리에 가장 큰 유혹은 더 많은 시청자를 확보하기 위해 프로그램 범위를 더 넓히자는 제안이다. 그러나 존 헨드릭스는 직원들에게 그들이 하는 일의 본질은 방송업이 아니라 시청자들이 세상을 탐험하고 호기심을 만족시키도록 돕는 일이라고 강조했다.

> 브랜드가 길을 잃으면 일부 새로운 시청자를 얻을지 모르지만 그들은 우리의 핵심 프로그램을 정말로 좋아하는 시청자는 아닐 것이다. 브랜드에서 멀어지면 단기적으로 시청률은 상승할지 몰라도 수치는 다시 줄어든다. 핵심 시청자층이 이탈하기 때문이다.

이러한 그의 생각은 채널이 수백 개로 불어나는 시대에도 디스커버리의 정체성을 뚜렷하게 각인하는 데 크게 기여했다.

위대한 CEO가 탄생하는 과정에는 아마 이보다 훨씬 많은 성공 요인이 존재할 것이다. 그러나 세계 최고의 방송망을 구축한 존 헨드릭스의 사례는 자신의 삶을 통해 꿈과 호기심을 현실화하고 뜻을 함께하는 동지를 모으며 그 꿈을 희석시키지 않고 끝까지 이어간 한 사업가의 모습을 보여주고 있다.

> 지난 30년을 돌아보면서 나는 내가 얼마나 건방졌는지를 깨닫고 한 번 놀라고, 얼마나 자신만만했는지를 깨닫고 다시 한 번 놀란다. 그러나 이제 와서 느끼는 것이지만, 새로운 기업을 일으키는 그 불가능에 가까운 과업을 시작하려는 사람에게는 바로 이런 유의 배짱과 열정이 반드시 필요하다. 그리고 앞으로 닥칠 몇 달 혹은 몇 년의 고난과 도전을 모두 다 견뎌내고 비상하기 위해서는 그 자신감과 열정이 흡사 집착에 가까운 어떤 것으로 발전하지 않으면 안 된다.

사실 사업가의 열정이란 바로 이와 같은 것에서 비롯되어야 진실성과 지속력을 유지하는 것 아닐까?

디스커버리 커뮤니케이션스는?

미국의 미디어 기업으로 디스커버리 채널을 비롯하여 애니멀 플래닛, TLC, 사이언스 채널 등 케이블 TV용 전문 채널을 다수 운영하고 있다. 대표 채널인 디스커버리 채널은 디스커버리 커뮤니케이션스가 소유한 케이블, 위성 TV 채널로 과학, 역사, 자연 분야에 관련된 다큐멘터리, 논픽션 프로그램들을 중심으로 방영하고 있다. 1985년 6월 17일 미국에서 개국했다.

참고
자료

1부 | 경영은 신념이다

01 | 정성껏 만든 패스트푸드

- 기노시타 시게요시 (2011). 《모스버거 이야기》. 양영철 옮김. 미디어윌.
- 김용성 (2014. 11. 7). "'충성 고객에 강력히 집중한다' 日 모스버거, 맥도날드 누른 비결". 《한국경제신문》.
- "사쿠라다 日 모스버거 대표 '한국에 5년 내 50개 매장'" (2012. 4. 4). 《머니투데이》.
- "일본인이 가장 좋아하는 브랜드 1위 '모스 버거'" (2014. 10. 25). 《조선일보 위클리비즈》.
- "'정성 담았다면 약간 비싸도 괜찮아'… 싸게 팔던 맥도날드 누른 힘" (2012. 4. 19). 《한국경제신문》.
- 모스버거 일본 홈페이지. 〈http://mos.jp/〉.

02 | 사람이 곧 자산이다

- 문용린 (2011). 《행복한 성장의 조건》. 리더스북.
- 손대현, 장희정 (2012). 《슬로매니지먼트》. 조선앤북.
- "전 직원에 개인 사무실… 식당엔 피아노 선율… '여기가 꿈의 직장'" (2009. 12. 12). 《조선일보 위클리 비즈》.

- "직원을 춤추게 하는 '信바람' 경영… 세계 DB서비스 시장 최강자로" (2011. 11. 10). 《한국경제신문》.
- "짐 굿나잇 SAS '가장 큰 자산은 창의적인 직원'" (2013. 10. 24). 〈아이뉴스24〉.
- "행복한 소가 더 많은 우유 만들어… 직원 급여 30% 해당액 복지에 투자" (2012. 1. 3). 《중앙일보》.
- 새스 인스티튜트 홈페이지. 〈http://www.sas.com〉.

03 | 로테크에서도 혁신은 가능하다

- 와카바야시 가쓰히코 (2012). 《나사 하나로 세계를 정복하다》. 황세정 옮김. 서돌.
- 이나모리 가즈오 (2005). 《카르마 경영》. 김형철 옮김. 서돌.
- "[부품소재를 다시본다] 2부 하드록공업" (2010. 2. 21). 《서울경제신문》.
- "와카바야시 가쓰히코 하드록공업 사장 '아이디어로 사람을 행복하게…' 조립 모형에 빠진 꼬마 발명가" (2013. 12. 27). 《한국경제신문》.
- "일본 신칸센 개통 이후 단 한 번의 사고도 없었던 이유" (2012. 3. 20). 《한국경제신문》.
- 하드록공업주식회사 홈페이지. 〈http://www.hardlock.co.jp/〉.

04 | 교과서에서 배운 기업 재생의 원칙

- 茂木健一郎 · NHK「プロフェッショナル」制作班編 (2006). 《プロフェッショナル　仕事の流儀 1》. NHK出版.
- 中沢康彦 (2010). 《星野リゾートの教科書》. 日経BP.
- 岡本伸之 (2013). "ホテル旅館の用語解説 418". 《月刊ホテル旅館》. 12月号.
- 星野佳路 (2006). "リゾート再生への挑戦". 《七十七ビジネス情報》. 夏季号.
- 星野佳路 (2010). "経営はすべて教科書通り, 失敗しないために理論を使う". 《Think!》. No.34.
- 野田健二 (2003). "星野リゾート社長 星野佳路". 《日経ベンチャー》. 11月号.

• 호시노 리조트 홈페이지. 〈http://hoshinoresort.com/〉.

05 │ 원칙이 최고의 전략

• 김종식 (2011). 《타타그룹의 신뢰경영》. 랜덤하우스코리아.
• 케빈 프레이버그, 재키 프레이버그, 데인 던스턴 (2013). 《나노베이션》. 신형승 옮김. 세종서적.
• 박양섭 (2007). "인도기업의 글로벌 성장 전략: 타타 그룹 사례 연구". 《인도연구》, 12(2), pp.85~111.
• "Inside the Tata Nano Factory" (2008. 5. 12). *Business Week*.
• "The Tata Way" (2010). *Business Strategy Review*.
• "Ratan Tata's legacy" (2012. 11. 1). *The Economist*.
• "Tata Ratan: His Legacy" (2012). *Indian Express*.
• "Tata Group to invest $35 billion in 3 years" (2014. 12. 29). *Business Standard*.
• 2014년 타타그룹 연차 보고서.
• 타타그룹 홈페이지. 〈http://www.tata.com/〉.

06 │ 화려한 스킬보다 강력한 '기본'의 힘

• 황규현 (2004. 9). "이 달의 CEO 제임스 맥너니". 《신한 FSB 리뷰》, pp. 44~45.
• "Straightened up and flying right" (2007. 2. 26). *USA Today*.
• "The Best and Worst Managers of 2003—The Best Managers: James McNerney" (2004. 1. 12). *Business Week*.
• "W. James McNerney Jr." 〈http://www.referenceforbusiness.com〉.
• 보잉 사 홈페이지. 〈http://www.boeing.com/〉.

2부 | 경영은 결단이다

01 | 배터리에 미친 사나이

- 김남영 (2012. 2. 3). "[기업 리포트] 워런 버핏이 선택한 중국 자동차회사". 〈두두차이나〉.
- "[세계의 부자] 왕촨푸 BYD회장… 작년 중국 최고부자 등극" (2010. 1. 22). 《매일경제신문》.
- "왕촨푸(王傳福) BYD 회장… 부진 뚫고 재시동 걸었다 전기차기술 누구보다 자신" (2014. 4. 25). 《매일경제신문》.
- "[100대 기업분석] (33) 中 하이브리드자동차의 대부 비야디" (2014. 5. 12). 《뉴스핌》.

02 | 미래를 만드는 경영자

- 김종년 외 (2012). 《변신력, 살아남을 기업들의 비밀》. 삼성경제연구소.
- "[슈퍼 리치 스토리] 19세에 세운 50년 계획… 허풍 아닌 진짜 태풍이었다" (2011. 1. 28). 《한국일보》.
- 최현숙 (2014. 11. 8). "[손정의 제국①] 기술제국 꿈꾸는 대담한 야망…손정의의 눈, 어디로 향하나". 《테크앤비욘드》.
- "300年成長の武器は自己増殖と自己進化" (2010. 11. 20). 《週刊東洋経済》, pp. 44~45.
- "孫正義の褒め方·叱り方, なぜ誰もがやる気に燃えるのか?" (2014年 8月號). 《PRESIDENT》, pp. 21~27.

03 | 무일푼에서 세계적인 부호로

- 홍순도 외 (2012). 《베이징 특파원 중국 CEO를 말하다》. 서교출판사.
- "옌빈 화빈 그룹 회장, 부동산·골프장·음료·바이오·태국·중국 경제 쥐락펴락"

(2014. 2. 13). 《MK뉴스》.

• "北京华彬高尔夫俱乐部会籍介绍" (2009. 2. 13). 〈sina.con〉.

• "华彬集团携风靡欧美的时尚健康饮品再创中国饮料市场新潮流" (2014. 9. 10). 《中国日报网》.

• 화빈그룹 홈페이지. 〈http://www.reignwood.com/〉.

• 후룬보고서(胡润百富). 〈http://www.hurun.net/〉.

04 | 용기와 무모함 사이

• 렌조 로소 (2013). 《바보가 되라》. 주효숙 옮김. 흐름출판.

• OTB 그룹 홈페이지. 〈https://www.otb.net/group/about-otb/〉.

• 위키피디아. "렌조 로조".

05 | 아웃 타이밍에도 전력으로 달려라!

• 오가타 도모유키 (2010). 《스즈키 도시후미, 1만 번의 도전》. 김정환 옮김. 지식 공간.

• 스즈키 도시후미 (2009). 《도전하지 않으려면 일하지 말라》. 양준호 옮김. 서돌.

• "스즈키 도시후미 세븐앤드아이홀딩스 회장, 직원 15명으로 세븐일레븐 시 작…유통 공룡으로 키운 승부사" (2013. 12. 13). 《한국경제신문》.

• "편의점 히트작은 일본 세븐일레븐서 나왔다 (2015. 4. 10). 《한국경제신문》.

06 | 중국인의 자존심을 살린 세 개의 일류

• 허전린 (2013). 《량원건과 싼이 그룹 이야기》. 정호운 옮김. 유아이북스.

• "건설장비로 승승장구 중국 최대 갑부… 싼이(三一)중공업 회장 량원건(梁穩根)" (2012. 10. 5). 《매일경제신문》.

• "량원건, 싼이(三一)중공업 회장 온갖 모험과 실패를 딛고 대륙 최고 부호로 '우뚝'" (2013. 3. 8). 《뉴스핌》.

• 싼이중공업 홈페이지. 〈http://www.sanygroup.com/〉.

3부 | 경영은 회생이다

01 | '미스터 월스트리트'라 불렸던 작은 거인
• 켄 피셔 (2009). 《시장을 뒤흔든 100명의 거인들》. 이건, 김홍식 옮김. 비즈니스맵.
• 2013년 골드만삭스 연차 보고서.
• "What are the biggest tech IPOs in US history?" (2014. 5. 6). *Telegraph*.
• "Sidney J. Weinberg, known as 'Mr. Wall Street,' is dead at 77" (1969. 7. 24). *The New York Times*.
• "Business: Everybody's broker Sidney Weinberg" (1958. 12. 8). *TIME*.
• "The Uses of Adversity" (2008. 11. 10). *The New Yorker*.

02 | 쓰러져가던 테마파크의 변신
• 사와다 히데오 (2013). 《운을 잡는 기술》. 이주일 옮김. 다할미디어.
• 하우스텐보스 보도자료. 〈http://www.huistenbosch.co.jp/aboutus/ release.html〉.
• 하우스텐보스 전자공시. 〈http://www.huistenbosch.co.jp/aboutus/e_ publicly/index.html〉.

03 | 위기의 기업을 회생시킨 마이더스의 손
• "쌤소나이트, 글로벌 본사 폐지… 각국 지사에 권한 위임" (2013. 2. 5). 《동아일보》.
• 2013년 쌤소나이트 연차 보고서.
• 2012년 IFT 컨퍼런스 발표 자료: "To Achieve Mission Possible, People Are

Key". "Business profile: 'Prince of Darkness' to the rescue" (2007. 3. 18). *Telegraph*.

• "From shoes to luggage, it's another open and shut case for Samsonite's Tim Parker" (2013. 5. 3). 〈London Evening Standard〉.

04 | 기적을 만드는 억만장자

• 오화석 (2009). "약점은 성공의 걸림돌이 아니다 – 아짐 프렘지". 《부자들만 아는 부의 법칙》. 성공신화.

• 최진주, 문향란, 남보라 (2012). 《세계 슈퍼 리치》. 어바웃어북.

• "인도 '빌 게이츠' 위프로 회장 23억 달러 기부" (2013. 2. 24). 《이투데이》.

05 | 수백 명의 유대인을 구한 독일인

• Young, Gordon (1960). *The Fall and Rise of Alfried Krupp*. Cassell.

• Halter, Marek (1998). *Stories of Deliverance: Speaking with Men and Women Who Rescued Jews from the Holocaust*. Open Court.

• Käppner, Joachim (2010). *Berthold Beitz : Die Biographie*. Verlag.

• James, Harold (2012). *Krupp: A History of the Legendary German Firm*. Princeton University Press.

• "Marek Halter's Search for the 'Righteous' of Nazi Europe" (1995. 1. 4). *International Herald Tribune*.

• "The Other Schindlers: Steven Spielberg's epic film focuses on only one of many unsung heroes" (1994. 3. 13). *US News & World Report*.

• "Berthold Beitz, German Steel Industrialist Who Saved Jews, Dies at 99" (2013. 8. 1). *New York Times*.

• "Germany remembers ThyssenKrupp patriarch Berthold Beitz" (2013. 9. 23). *Financial Times*.

- 2014년 티센크루프 연차 보고서
- 야드 바셈 유대인 대학살 박물관 홈페이지. 〈http://www.yadvashem.org/〉.
- 티센크루프그룹 홈페이지. 〈http://www.thyssenkrupp.com/〉.

06 | 최악의 기업을 최고로 만든 기술
- 숀 시엔예, 지니진성이 (2006). 《하이얼 스토리》. 유혜경 옮김. 한스컨텐츠.
- 안젠쥔 외 (2004). 《장루이민의 하이얼》. 이수진 옮김. 수희재.
- 장루이민 (2007). 《중국 No.1 CEO 장루이민 경영 어록》. 哈爾濱出版社.
- "[김종철 기자의 퓨전 리더십&롤모델] 절실 리더십" (2014. 7. 4). 《매일경제신문》.
- "[중국의 IT기업⑥-1] 장루이민 하이얼 회장은" (2014. 8. 26). 《머니투데이》.
- "중국 최고 브랜드 가치 순위 12년 연속 1위, 글로벌 가전 기업 하이얼!" (2013. 10. 29). 〈하이얼 코리아 블로그〉.

4부 | 경영은 문제 해결이다

01 | 낭비를 줄여 만든 싸고 멋진 옷
- 코바돈가 오셔 (2013). 《자라 성공 스토리》. 공민희 옮김. 더난출판사.
- "오르테가, 대표브랜드 '자라' 앞세워 작년 매출 22조 8,000억" (2014. 12. 21). 《글로벌 이코노믹》.
- "48시간 내 제품 배송… 2주마다 매장 옷 교체… 패스트 패션 '자라' 창조" (2012. 10. 25). 《한국경제신문》.

02 | 계산 없는 경영이 이룬 성공
- 이본 취나드 (2005). 《파도가 칠 때는 서핑을》. 서지원 옮김. 화산문화.

03 | 업계 최초는 어떻게 탄생하는가

- 이사도어 샤프 (2011). 《사람을 꿈꾸게 만드는 경영자》. 양승연 옮김. 지식노마드.
- "100 Best Companies to Work For (1998~2014)". *Fortune*.
- "2013 World's top 25 hotels named by TripAdvisor". 〈CNN Travel〉.

04 | 생명을 살리는 비즈니스

- 김대호 (2012). 《에코 크리에이터》. 아이엠북.
- 베스터가드 프란젠 그룹 홈페이지. 〈http://www.vestergaard-frandsen. com〉.

05 | 끊임없이 버리고 바꿔라

- 뤼디거 융블루트 (2013). 《이케아, 불편을 팔다》. 배인섭 옮김. 미래의 창.
- "'가구 공룡' 이케아, 호텔사업까지 뛰어든다" (2012. 8. 15). 《한국경제신문》.
- 최명환 (2015. 2). "이케아의 매장 전략". 《월간 디자인》.
- 이케아 홈페이지. 〈http://www.ikea.com/〉.

06 | 혁신적인 기업가에서 더 나은 세상을 꿈꾸는 정치가로

- Malonis, J. A. (2002). *Gale Encyclopedia of E-commerce*. Detroit, Mich. USA: Gale Group.
- Orlitzky, M., Schmidt, F. L., & Rynes, S. L. (2003). Corporate social and financial performance: A meta-analysis. *Organization studies*. 24(3), pp. 403~441.
- "Bill Gates and Michael Bloomberg: Our Plan to Eradicate Polio" (2013. 2. 28). *The Wall Street Journal*.
- "Bloomberg Admits Terminal Snooping" (2013. 5. 13). *International New York Times*.

- "Bloomberg Donates $100 Million for Polio" (2013. 3. 5). *Baby Lifetime*.
- "Bloomberg Philanthropies Pledges $220 Million to Curb Tobacco Use Abroad" (2012. 3. 23). *Philanthropy News Digest*.
- "Council Affirms Deep Cuts and 18% Property Tax Rise" (2002. 11. 26). *The New York Times*.
- "How to Make a Buck in America" (2013. 7. 16). *Time*.
- "Michael Bloomberg Donates $50 Million To Help The Global Fishing Industry" (2014. 2. 25). *Jewish Business News*.
- "Mike Bloomberg: The Unlikely mayor" (2010. 4. 30). The *Washington Post*.
- "NYC Smoking Rate Falls to Record Low of 14%, Bloomberg Says" (2011. 9. 16). *Bloomberg*.
- "Thomson Reuters sees flat 2014 revenue; Q4 results miss" (2014. 2. 12). *Reuters*.

5부 | 경영은 함께 꾸는 꿈이다

01 | 최종 목표는 부의 나눔

- "단돈 250달러로 글로벌기업 우뚝… 첫 비결은 직원교육" (2012. 11. 2). 《매일경제신문》.
- "[취재노트] 존경받는 인도 기업인" (2005. 12. 20). 《매일경제신문》.
- Pandit, Shrinivas (2001). *Thought Leaders: The Source Code of Exceptional Managers and Entrepreneurs*. Tata McGraw-Hill Education.
- Murthy, N. R. Narayana (2009). *A Better India: A Better World*. Penguin Books.

- Barney, Matt (ed., 2010). *Leadership@Infosys*. Penguin Books.
- "Infy After Murthy" (2014. 7. 20). *Business Today*.
- "On Corporate Values". 〈http://asiasociety.org/corporate-values〉.
- 2014년 인포시스 연차 보고서.
- 인포시스 테크놀로지 홈페이지. 〈http://www.infosys.com/〉.

02 | 평범함 뒤에 감춘 비범함

- "与马云聊天: 我和我们的时代" (2014. 5. 16). 《经济观察报》.
- 中国行业研究网 (2014. 1). 〈2014-2018年中国电子商务市场发展状况及投资价值评估报告〉.
- 2013년 12월 서울대학교 초청강연.
- 시나닷컴. 〈http://finance.sina.com.cn/world/20141112/002320790402.shtml〉.

03 | 천재를 마음껏 놀게 하라

- 놀란 부쉬넬, 진 스톤 (2014). 《나는 스티브 잡스를 이렇게 뽑았다》. 한상임 옮김. 미래의 창.
- Walter Isaacson (2011). *Steve Jobs, the Exclusive Biography*. Simon & Schuster.
- 김미희 (2014. 7. 21) "[인물열전] 게임을 산업으로 이끈, 아타리 창업자 놀란 부쉬넬".《게임메카》.
- "No Pain, No Game" (1999. 9. 16). *Metro*.
- Wikipedia. "Nolan Bushnell".

04 | 세계 기타 시장을 석권한 '행복한 최고'

- 요코우치 유이치로, 고토 하야토 (2010). 《열정은 운명을 이긴다》. 이수미 옮김.

서돌.

• "요코우치 유이치로 日 후지겐 회장, 씨 뿌리고 젖소 키우던 농부… 외양간 개
조한 공장서 세계 1위 기타 회사 일구다" (2014. 3. 21). 《한국경제신문》.

• 후지겐 홈페이지. 〈http://www.fujigen.co.jp/〉.

• 후지겐 히스토리. 〈http://www.fgnguitars.com/history.html〉.

05 | 성공의 비결을 아는 남자

• 토니 셰이 (2010). 《딜리버링 해피니스》. 송연수 옮김. 북하우스.

• 유병률 (2014. 3. 7). "토니 셰이의 다운타운 프로젝트". 《머니투데이》.

• Tony Hsieh (2010). "Zappos's CEO pn Going to Extremes for Customer".
HBR.

06 | 위대한 경영자의 탄생

• 존 헨드릭스 (2014. 7. 31). 《디스커버리》. 이지연 옮김. 레디셋고.